Wilfried Grenz

Land voraus am Kommunikationshorizont

Wilfried Grenz

Land voraus am Kommunikationshorizont

-- Impulse zur Gesprächsgestaltung

Trainerverlag

Imprint

Cover image: www.ingimage.com

Publisher:
Der Trainerverlag
is a trademark of
International Book Market Service Ltd., member of OmniScriptum Publishing Group
17 Meldrum Street, Beau Bassin 71504, Mauritius

Printed at: see last page
ISBN: 978-620-2-49408-3

Zum Geleit

In unseren WhatsApp-Zeiten, in denen wir nur noch in kurzen Sätzen oder gar nur mittels emojis kommunizieren, droht eine der wichtigsten Fähigkeiten der Kommunikation verloren zu gehen.

Die Diskussion!

Wir haben in Jahrhunderten an unseren Fähigkeiten aggressionsfrei zu streiten gefeilt, mit dem Ziel, nicht gleich bei jeder Meinungsverschiedenheit einen Krieg vom Zaun zu brechen.

Wir wurden durch Argumentationstrainings und Rhetorikwettbewerbe getrieben, haben die alten Philosophen gelesen und unsere Allgemeinbildung ausgebaut, um genügend Argumente zu haben...

...und dann kommt die segensreiche Digitalisierung und wir werden von emails und Messages überschüttet, reden nur noch asynchron und nur noch in möglichst kurzen Ausführungen.

Ist das das Ende der Diskussion?

Ich denke nein. Asynchrone Kommunikation gab es in Zeiten von Briefen und Postkutschen auch schon und das ‚Fasse dich kurz' war immer schon die besondere Kunst.

Wir dürfen nur nicht vergessen, dass es um mehr geht, als nur um einen Informationsaustausch.

Unsere Aufgabe ist eben das harte Ringen um Wahrheit, Erkenntnis und einen gemeinsamen tragfähigen Konsens.

Dazu ist dieses Buch ein wunderbarer Begleiter.
Nehmen Sie sich Zeit!

Harry Kratel

Vice President,
Global Marketing,
Smaato Inc.

Neun Thesen zum Stichwort ‚Diskussionen'

1. Diskussionen gehören zum Leben dazu

Grundsätzlich gehören Diskussionen zum Leben und zum Arbeitsalltag dazu. Es ist wichtig, dieses zu akzeptieren und nicht jegliche Diskussionen zu vermeiden oder verhindern zu wollen. Das Wort Diskussion kommt vom lateinischen ‚diskutere' und bedeutet zerschneiden. Die Gesprächspartner müssen sich also auseinandersetzen, aber mit dem Ziel, sich anschließend wieder in der gemeinsamen Bearbeitung des neu definierten Zielfeldes zusammenzusetzen.

Diskussionen dürfen nicht den Regeln des Sozialdarwinismus folgen: Der Starke setzt sich durch, der Schwache unterwirft sich. Der Starke verwirklicht rücksichtslos seine Bedürfnisse und Interessen. Der Schwache betont seine Machtlosigkeit gegenüber dem Handelnden, von denen da oben. Somit kann jeder an seiner Stelle in Ruhe leben und sein Lebenskonzept umsetzen. Es braucht Täter und Opfer, aber das ist kein Problem, weil man sich im Rudel gegenseitig mit der jeweils anderen Funktion unterstützt.

Die Hackordnungen in Gesellungsformen und in Unternehmen sind geklärt und der Alltag wird oberflächlich stressfrei gestaltet.

Der Soziologe Dahrendorf begreift konflikthafte Diskussionen als eine verändernde Kraft innerhalb einer Gesellschaft, eines Unternehmens.

Die Diskussionen erfüllen dabei unterschiedliche Funktionen:

- Das Bearbeiten von Unterschieden
- Das Herstellen der Einheitlichkeit einer Gruppe
- Die Entwicklung von Komplexität
- Die Garantie für Gemeinsamkeit und Veränderung
- Der Erhalt des Bestehenden

Eine Diskussion bedeutet grundsätzlich, dass eine Entscheidung zwischen Möglichkeiten gefunden werden muss. Dabei können diese Möglichkeiten sowohl mit positiven aber auch mit negativen Konsequenzen verbunden sein.

Dieser Entscheidungszwang führt oft in eine angespannte und damit belastende Gefühlslage und löst so Verunsicherung und Ungewissheit aus. Dabei wird ein Druck erzeugt, die Unterschiede zu überwinden, welcher aber in eine positive Kraft verwandelt werden kann, wenn man miteinander redet und die Fronten sich nicht verhärten.

2. Diskussionen müssen frühzeitig geführt werden

Paul Watzlawick erzählt eine Geschichte, in der deutlich wird, wie durch eine einseitige Frontverhärtung der Einstieg in eine erfolgreiche Diskussion erheblich erschwert wird.

Die Geschichte mit dem Hammer

Ein Mann will ein Bild aufhängen. Den Nagel hat er, aber nicht den Hammer. Der Nachbar hat einen. Also beschließt unser Mann hinüberzugehen und ihn auszuborgen. Doch da kommt ihm ein Zweifel: Was, wenn der Nachbar mir den Hammer nicht leihen will?

Gestern schon grüßte er mich nur so flüchtig. Vielleicht war er in Eile. Aber vielleicht war die Eile nur vorgeschützt, und er hat etwas gegen mich. Und was? Ich habe ihm nichts getan; der bildet sich da etwas ein. Wenn jemand von mir ein Werkzeug borgen wollte, ich gäbe es ihm sofort. Und warum er nicht? Wie kann man einem Mitmenschen einen so einfachen Gefallen abschlagen? Leute wie dieser Kerl vergiften einem das Leben. Und dann bildet er sich noch ein, ich sei auf ihn angewiesen. Bloß weil er einen Hammer hat. Jetzt reicht's mir wirklich.

Und so stürmt er hinüber, läutet, der Nachbar öffnet, doch noch bevor er „Guten Tag" sagen kann, schreit ihn unser Mann an:

„Behalten Sie sich Ihren Hammer, Sie Rüpel!"

In dieser Anekdote wird verdeutlicht, wie ein Mensch sich bei auftretendem Zweifel in die Abwertung des anderen verrennt. Bevor Person A der Person B die Möglichkeit einräumt, in einer Diskussion die falschen Vorstellungen von Person A richtig zu stellen, haben sich die Vor(weg)urteile bei der Person A über die Person B stark verfestigt. So wird deutlich, dass eine verspätete Diskussion oft einen Gesprächsprozess verursacht, der dann nicht automatisch reibungslos verläuft.

Um eine negative verhärtete Diskussion zu vermeiden, muss bei dem Einzelnen ein individueller Wille aufgebaut werden, nicht schweigend Rabattmarkenhefte voll zu kleben, die er dann bei einer neuen Drucksituation einlöst, sondern frühzeitig seine vorhandenen Vorbehalte dem Anderen gegenüber zu veröffentlichen.

Somit ist jede Diskussion auch in Form einer Kritik, Beschwerde oder Nachfrage als positiv anzusehen und eine Herausforderung an den angesprochenen Gesprächspartner. Es ist hierbei entscheidend, dass es im weiteren Verlauf nicht zu einer Konfrontation, sondern zu neuen Strukturen der Zusammenarbeit kommt. Die ganze Angelegenheit unter den Teppich zu kehren, ist ein gefährlicher Weg.

3. Diskussionen bedeuten das Ende des Bisherigen

Jede Diskussion stellt als eine störende Auseinandersetzung erst einmal ein Ende des Bisherigen dar. Es wird niemals wieder so sein, wie es vorher war, bevor die Diskussion in den Arbeitsalltag trat.

Ein Schulkind, welches auf dem Schulhof Opfer von Gewalt wurde, wird diesen Ort zukünftig niemals mehr angstfrei betreten können.

Ein wesentlicher Aspekt einer Diskussion ist somit nicht nur die Bearbeitung der Blockade, der aufgetretenen Störung bei Person A, sondern auch die Offenlegung der problematischen Aspekte der Situation für Person B.

Das Reaktionsverhalten ist von Person zu Person sehr unterschiedlich. Situationen, die für den einen Gesprächspartner eine positive reflexive Blockade darstellen, werden von dem anderen Gesprächspartner manchmal als negativer Angriff auf seine Verhaltensentwürfe und somit als problematisch empfunden.

Für den erfolgreichen Verlauf einer Diskussion ist es wesentlich, dass sich nicht ein konfrontativer Weg mit Täter- und Opferstrukturen entwickelt, sondern reflexiv und konstruktiv das auslösende Problem herausarbeitet wird.

4. Diskussionen brauchen den Anderen

Für den Umgang mit Störungssituationen enthält der Ansatz der kognitiven Dissonanztheorie des Sozialpsychologen Festinger wichtige Hinweise. Die Beobachtung des Alltags zeigt danach, dass Personen ein Gleichgewicht in ihrem kognitiven System anstreben.

Unter Kognitionen werden dabei alle möglichen Planungsgedanken eines Menschen über sich, seine Umwelt und dem Verhalten des einzelnen Individuums subsumiert.

Wenn das tatsächliche Erleben und Handeln nicht mit dem kognitiven Denken und Wollen übereinstimmt, entsteht eine kognitive Dissonanz. Da dieses den Regelfall des Alltags darstellt, muss jeder mit seinen kognitiven Dissonanzen umgehen.

Kognition	**versus**	**Realität**
Wollen und Denken entsprechen nicht dem Erleben und Handeln		

Eine Reduktion, d.h. ein Abbau der Dissonanzen, geschieht auf verschiedenen Wegen. Der normale Mensch nutzt diese Möglichkeiten oft mehrmals am Tag, ohne sich dieses Vorgangs bewusst zu sein. Ähnlich wie auch die Haut oder die Mundflora Angriffe von außen abwehrt, ohne dass man dieses bewusst wahrnimmt. Die Dissonanzreduktion im kognitiven Bereich verhilft auf diesem Wege dazu, alltägliche Spannungssituationen zu lösen, ohne dass die darin verborgenen Spannungen den Menschen in die Aggression oder in die Depression treiben.

Festinger führt aus: „Soziale Kommunikation und Interaktion wird häufig kognitive Dissonanzen hervorrufen. Die Möglichkeiten zur Dissonanzreduktion bestehen darin, den Kommunikator abzuwerten, die eigene Meinung der kommunizierten Information anzugleichen, nach sozialer Unterstützung (d.h. nach Gleichgesinnten WG) zu suchen oder den Anderen in einer Diskussion von der eigenen Meinung zu überzeugen (oder die widersprüchlichen Meinungen zu harmonisieren WG)."

Wege der Dissonanzreduktion

Abwertung

Aneignung

Soziale Unterstützung

Diskussion

Die Wege Abwertung und Aneignung sind auch als Hundewege bekannt, weil dort der Störenfried entweder verbellt wird oder sich der angegriffene Hund dem neuen Machthaber bedingungslos unterwirft.

Der Weg der sozialen Unterstützung ist nicht von vornherein sozial verträglich oder unverträglich. Die Arbeit in Selbsthilfegruppen kann positiv wirken, in dem Kompetenzen für anstehende Auseinandersetzungen sowie der Diskussionsführung aufgebaut werden.

Aber es wird beispielsweise ein negativer Weg beschritten, wenn die soziale Unterstützung sich dahingehend gestaltet, dass sich durch Aufhetzen die Fronten verhärtet und sogar gemeinsame Racheakte geplant und durchgeführt werden.

Effektive Lösungswege werden nur dann entwickelt, wenn der Andere im Rahmen einer Diskussion mit einbezogen wird. Eine Möglichkeit verhärtete Dissonanzen zu bearbeiten, besteht an dieser Stelle, wenn im direkten Gespräch die Konfliktfronten durch eine externe Moderation oder Mediation aufgeweicht werden.

Wichtig für jede erfolgreiche Diskussion ist die offene Haltung des Einzelnen. Es ist wesentlich, sich auf Diskussionen prozessoffen ein- zulassen.

5. Diskussionen eröffnen Chancen und Gefahren

Im Chinesischen gibt es für
konflikthafte Diskussionen,
die in eine Krise führen,
ein eigenes Schriftzeichen:

Dieses Schriftzeichen für Krise setzt sich aus den beiden Symbolen für Gefahr und Chance zusammen. Hierbei wird zum einen deutlich gemacht, dass jede Diskussion eine Chance darstellt, die bisherige Planung zu überprüfen und neue Wege zu entdecken, den Arbeitsalltag zu optimieren.

Es können durch die Auseinandersetzung im Team hilfreiche Koalitionen entstehen und gemeinsam neue Ansätze entwickelt werden. Das Teamhandeln bzw. die Zusammenarbeit mit Kunden wird dadurch in der Regel gestärkt.

Jede Diskussion beinhaltet aber auch eine Gefahr. Negative Auswirkungen im zwischenmenschlichen Bereich entstehen in Situationen, bei denen sich das Gegenüber nicht benimmt und Grenzen nicht respektiert.

Grundsätzlich verursacht dieses Verhalten einzelner Diskussionsteilnehmer eine Situation, in der man sich unwohl fühlt und wo im weiteren Verlauf Täter- und Opferstrukturen entstehen. Die Entwicklung einer zukünftigen positiven Zusammenarbeit wird dadurch nachhaltig erschwert.

6. Diskussionen haben keinen Sieger

Thomas Gordon weist darauf hin, dass stets der Kreislauf einer Kommunikation geschlossen wird. Wenn also im Verlauf von Diskussionen immer wieder die Lösungen von einer Person entwickelt werden, die dann auch den Arbeitsalltag bestimmen, entwickelt sich bei dem Anderen ein Groll (Ansatz 1).

Im Arbeitsalltag zeigt sich dieser dann dahingehend, dass der Mitarbeiter in die innere Emigration geht und sich bei zukünftigen Diskussionen nicht mehr einbringt. Oder aber er wird im Untergrund tätig und argumentiert hinter verschlossenen Türen, warum die festgelegten Lösungswege nicht zielführend sind.

Wenn die umgesetzten Lösungswege stets von einem Mitarbeiter eingebracht werden (Ansatz 2), äußert sich der Groll der Führungskraft in der Regel im Kontaktentzug bis hin zur Kündigung.

Ansatz 1: „Ich gewinne, Du verlierst!"

Der Vorgesetzte erzwingt eine Regelung, bei der er auf Kosten des Mitarbeiters seine eigene Vorstellung realisiert.

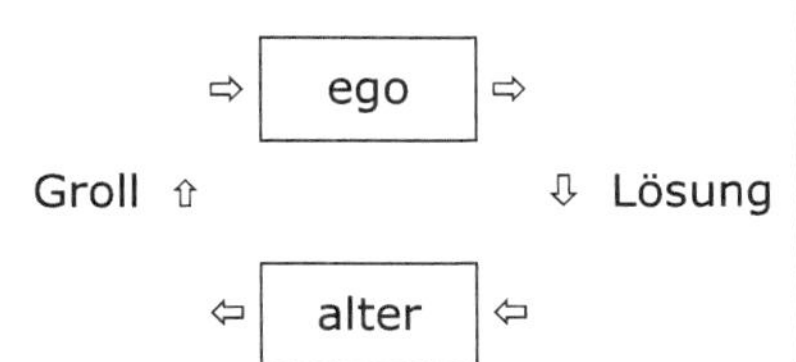

Ansatz 2: „Du gewinnst, ich verliere!"

Der Vorgesetzte stimmt dem Vorschlag des Mitarbeiters zu, obwohl dieser im Gegensatz zu seiner eigenen Vorstellung steht.

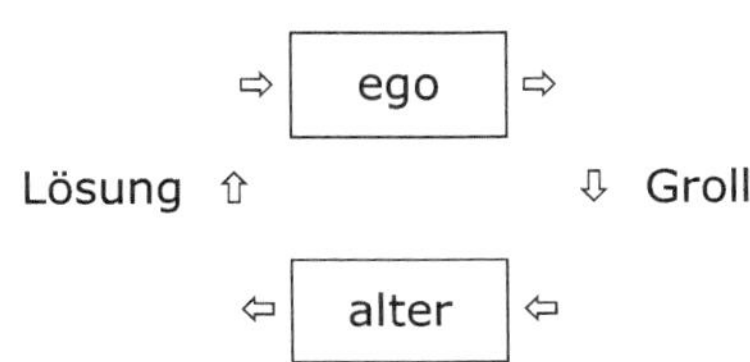

Der von Thomas Gordon vorgeschlagene Lösungsweg (Ansatz 3) sieht an dieser Stelle vor, dass im Rahmen der Diskussion von beiden Seiten Vorschläge zur Problembearbeitung gemacht werden. Das gründet sich auf der Tatsache, dass jeder aus seinem Blickwinkel heraus unterschiedliche Aspekte für eine effektive Problemlösung einbringen kann.

Einseitige blinde Flecken bei der Lagebeurteilung werden so vermieden. Weiterhin wird auch eine intrinsische Motivation aller Beteiligten aufgebaut, den gemeinsam entwickelten und festgelegten Lösungsweg im jeweiligen Arbeitsbereich umzusetzen.

Ansatz 3: „Du gewinnst, ich gewinne, jeder gewinnt!"

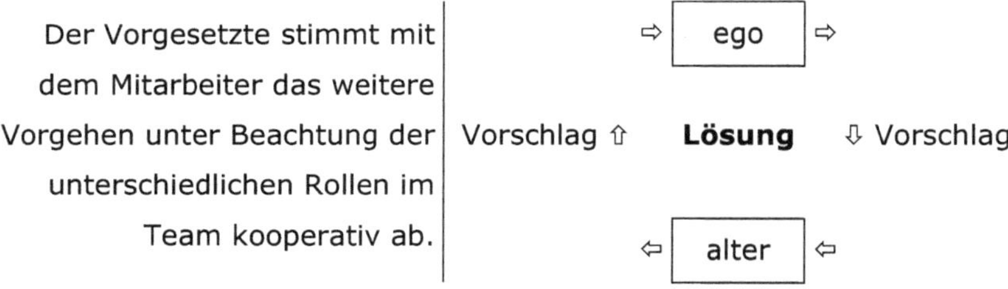

Es ergibt sich im Alltag manchmal die Situation, dass sich im Rahmen der Problemlösungsarbeit herausstellt, dass der Vorschlag des einen die komplette Lösung beinhaltet. Dann sollte keine Verwässerung dadurch geschehen, dass unbedingt auch der nicht praktikable Vorschlag des anderen integriert werden muss – selbst wenn er die Führungskraft ist.

7. Diskussionen sind auf dem Konstruktionskurs erfolgreich

Die folgende Graphik verdeutlicht die Prozesse verschiedener Diskussionsverläufe. Erst einmal wird dargestellt, dass durch eine Diskussion der bisherige Verlauf, wo die subjektiven Erwartungen eintreten und dadurch zu Erfahrungen werden, so dass wieder dementsprechende Erwartungen entstehen, grundlegend unterbrochen wird. Es ergibt sich eine Krise, die nur in eine gefährliche oder in eine chancenreiche Entwicklung führen kann.

Ein gefährlicher Weg wird beschritten, wenn sich eine Konfrontation im Rahmen der Diskussion ergibt. Als oberste Prämisse gilt es dann, den Anderen zu besiegen und Recht zu behalten.

Das Problem bleibt dabei oftmals unbearbeitet. Dieses führt zu Täter- und Opferstrukturen, bei denen der Unterlegene auf der Strecke bleibt.

Dieser Verlauf endet in der Regel in einem Abbruch der Beziehung – der Andere ist für mich gestorben. So ein Zusammenbruch führt im Arbeitsalltag zu erheblichen Problemen.

Eine effektive Zusammenarbeit im Rahmen der arbeitsteiligen Organisation zum gemeinsamen Erreichen des Unternehmenszieles rückt in weite Ferne.

Eine Chance ergibt sich durch einen Verlauf, bei dem gemeinsam Problemlösungsideen eingebracht werden. Beim bereits beschriebenen Konfrontationskurs steht eine Frontenbildung im Mittelpunkt.

Beim Konstruktionskurs hingegen stehen die Strukturen einer zukünftigen Zusammenarbeit zur gemeinsamen Problemlösung im Focus der Diskussion.

Dabei werden die unterschiedlichen individuellen Kompetenzen aller Beteiligten berücksichtigt, die an dieser Stelle eingebracht werden können.

Die Problemlösung stellt das Zielfeld der Diskussion dar. Gemeinsam macht man sich auf den Weg, effektive Strukturen im Arbeitsalltag zu implementieren, um die neuen Zielsetzungen, die Erwartungen an die zukünftige Entwicklung, auch zu erreichen. Das Klima, in welchem die Diskussionen eingebettet sind, wird im Unternehmen wesentlich von den Führungsaktivitäten geprägt. Es darf das Feld der Diskussionen nicht dem Sozialdarwinismus überlassen werden, wo die Konfrontation als Betriebssystem gilt.

Daneben muss der Diskussionsführer darauf achten, wenn bei temporären Frotzeleien in Diskussionen Täter-, Opfer-, Retterstrukturen nach oben kommen, dass diese sich nicht manifestieren, sondern im Bereich der Problemlösungsarbeit wieder der Konstruktionskurs eingeschlagen wird.

Die Graphik zur Auseinandersetzungskultur

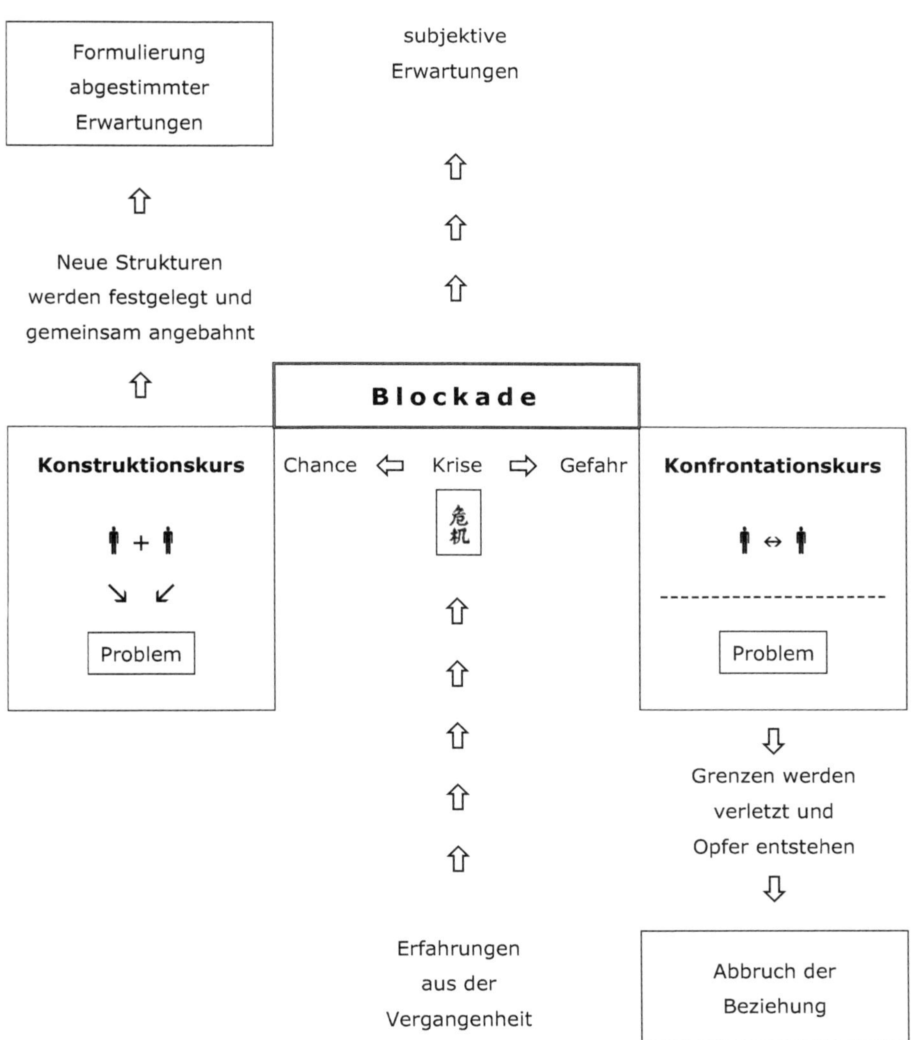

8. Diskussionen sollten Interessen Anderer mit einbeziehen

Im Verlauf von Diskussionen zur Problemlösung gilt es, individuelle Interessen auszugleichen und möglichst einen Gewinn für alle Beteiligten zu schaffen.

Ein wesentliches Augenmerk sollte auf das Erkennen der wechselseitigen Interessen gelegt werden. Diese müssen deutlich werden, um offen zu klären zu können, wo sie einer gemeinsamen Problemlösung dienlich sind und an welcher Stelle sie im Weg stehen.

Dabei prägt die Verwendung neutraler Beurteilungskriterien einen erfolgreichen gemeinsamen Diskussionsverlauf. Das Ergebnis muss auf objektive Entscheidungsprinzipien aufbauen und nicht auf der Gewichtung von Hierarchiepositionen.

Das Harvard-Prinzip betont, dass es bei Diskussionen grundsätzlich darum geht, Verständnis für die Interessen der Gegenseite zu haben – auch wenn man nicht mit allem einverstanden sein kann.

Den Anderen zu verstehen, heißt nicht notwendigerweise einverstanden zu sein. So hat beim Harvard-Prinzip vor allem das aktive Zuhören einen besonderen Stellenwert.

Wer bei Verhandlungen Erfolg haben will, muss auf die Qualität des Zuhörens großen Wert legen.

Es gilt an dieser Stelle den Grundsatz von Paul Watzlawick zu beachten:

Jeder Mensch hat von seinem Standpunkt aus gesehen recht!

Trotzdem wird betont, dass, wer konziliant gegenüber anderen Menschen auftritt – aber gleichwohl hart in der Sache bleibt – gute Chancen hat, taugliche Lösungen zu finden.

Das Besondere am Harvard-Prinzip liegt darin, dass es den Kompromiss als herkömmliches Diskussionsziel überwindet und Lösungen sucht, die für beide Seiten zum Gewinn führen. Im Idealfall können beide Seiten ihre unterschiedlichen Bedürfnisse befriedigen.

Dieser Idealfall kann und wird nicht bei jeder Diskussion eintreten. Gerade bei Diskussionen im Arbeitsalltag geht es schließlich auch nicht um die optimale Interessenwahrung des Einzelnen oder die Gleichbehandlung aller, sondern um das Erreichen von Lösungen im Sinne des übergeordneten Unternehmenszieles.

Die Geschichte zum Harvard-Prinzip

Regula, die Mutter zweier Kinder, hat noch eine einzige Orange in der Früchteschale. Da kommen beide Töchter angerannt. Sie rufen gleichzeitig: Ich will die Orange unbedingt haben!

Was tun? Soll die Mutter Regula die Frucht behalten? Soll sie eine Münze werfen? Oder soll sie Anna und Lea um die Orange kämpfen lassen? Soll sie die Orange zerschneiden und als Kompromiss jeder Tochter eine halbe Orange geben? Intuitiv macht die Mutter das Richtige und fragt ihre Töchter: Warum wollt ihr die Orange unbedingt haben?

Anna will einen Kuchen backen und braucht dazu nur die Schale. Lea hat Durst und möchte den frisch gepressten Orangensaft trinken. Die Orange ohne Schale genügt ihr.

Nach der Klärung der Bedürfnisse ist die Lösung plötzlich einfach. Die beiden unterschiedlichen Interessen lassen sich berücksichtigen, indem Anna die Schale und Lea die geschälte Orange bekommt.

Beim klassischen und schnellen Kompromiss mit zwei halben Orangen hätten zwei unzufriedene Kinder die Küche verlassen.

9. Diskussionen folgen einem Drehbuch

Diskussionen dürfen nicht ein nebulöses Herumgerede sein, sondern müssen eine kraftvolle Intervention darstellen. Eine Intervention ist ein absichtsvolles Handeln einer Führungskraft; darauf gerichtet, den Beginn eines Problemlösungsprozesses oder Veränderungen seines Verlaufs zu bewirken.

Diskussionen sind ein Einstieg in das gemeinsame Engagement für die Problemlösung. Die Einnahme der Rollen eines Täters, Opfers und Retters muss vermieden werden. Wenn Affinitäten bei einzelnen Diskussionsteilnehmern bestehen, Lieblingsrollen möglichst schnell einzunehmen, sollten diese zugunsten der Einnahme der Problemlöserrolle aufgegeben werden.

Die Führungskraft als Diskussionsverantwortlicher ist ein Anwalt der Problemlösungsorientierung. Wie auch ein Anwalt nur gut vorbereitet in eine Gerichtsverhandlung geht, sollte auch eine Führungskraft nicht ohne ein Drehbuch in die Diskussion einsteigen.

Neben den Fakten, aus denen sich das Problem zusammensetzt, und den Gründen, warum eine Prozessveränderung nötig ist, gilt es drei wesentliche Wirkfaktoren bei der Erstellung des Drehbuchs als Planungsleitfaden des Diskussionsgeschehens zu berücksichtigen.

- Die Teilnehmersozialisation
- Der Problemtypus
- Die Diskursstruktur

Im Bereich der Interaktion hat Paul Watzlawick darauf hingewiesen, dass man nicht nicht kommunizieren kann. Wenn Menschen aufeinander treffen, findet immer eine gegenseitige Bezugnahme durch verbale oder nonverbale Kommunikation statt.

Das gilt auch bei Diskussionen; sie folgen immer einem Drehbuch. Die Großhirne der Diskussionsteilnehmer mit der Veranlagung zu Selektion und Hierarchiebildung innerhalb des Rudels bleiben nie vor der Tür. Entscheidend ist, dass die Führungskraft an dieser Stelle in der Lage ist zur Problemlösungsarbeit hinzuführen und nicht nur selbst von seinem eigenen Großhirn geführt wird.

Die Teilnehmersozialisation

Jeder Teilnehmer bringt seinen Rucksack mit Wünschen, Hoffnungen und Ängsten in jede Diskussion mit. Daneben auch seine Erfahrungswerte aus der abgelaufenen Berufssozialisation sowie eine grundsätzliche Planung und Strategie seines Verhaltens.

So gelangt oftmals die Schere im Kopf seitens der Teilnehmer mit in die Diskussionsrunde. Anscheinend sozial nicht erwünschte Gedanken werden nicht ausgesprochen. Problematisch daran ist vor allem, dass es nur eine vorweg gedachte Vermutung ist, die so die Möglichkeit eines Irrtums beinhaltet. Es werden nur Ideen formuliert, bei denen man davon ausgehen kann, dass diese die Zustimmung der Diskussionsalphatiere bzw. der Führungskräfte erhalten werden.

Auch die Führungskraft als Teilnehmer bringt seine Berufssozialsation als Wirkfaktor mit in die Diskussion ein. Wenn als praktiziertes Führungsverhalten eine eingleisige Aufgabenorientierung und ein hierarchiegeprägter Konfrontationskurs aufgebaut wurden, bleibt dieses in den Diskussionsprozessen nicht folgenlos. Da man sich kennt, werden die Drehbücher der Teilnehmer auch dementsprechend geschrieben: Sie bringen ihre Scheren mit.

Von Otto Betz gibt es einen Text, der der Frage nachgeht, wer alles noch so Einfluss auf meine Planungsarbeit, die Erstellung meines Drehbuchs nimmt.

Wenn ich anderen Menschen begegnet wäre,
dann wäre ich ein anderer geworden.
Hätte ich andere Bücher gelesen,
dann würde ich anders denken.
Als Sohn eines anderen Landes
hätte ich andere patriotische Gefühle.
Von einer anderen Religion umfangen,
spräche ich andere Gebete.
In einem anderen Jahrhundert beheimatet,
strebte ich anderen Idealen nach.
Wäre ich auf andere Fragen gestoßen,
würde ich andere Antworten suchen.

Das Diskussionsverhalten hat keine eigene Existenz wie ein Erdbeben, das von außen in unser Leben hereinbricht, sondern ist ein Ergebnis unserer Sozialisation, bei der bestimmte Reaktionen mit bestimmten Reizen gekoppelt wurden. Nur der Wissende kann hier Einfluss auf sein Verhalten nehmen.

Das Drehbuch eines erfolgreichen Diskussionsverantwortlichen berücksichtigt die Sozialisation aller Teilnehmer.

Der Problemtypus

Der holländische Konfliktforscher Willem Mastenbroek betont, dass als Grundlage jeder Diskussion, aus der positive Veränderungen hervorgehen sollen, erst einmal eine Differenzierung des Problemtypus vorgenommen werden muss. Er stellt u. a. zwei grundlegende Typen nebeneinander, die im Rahmen von Diskussionen unterschiedliche Lösungsszenarien erfordern.

Aufgabensachorientierte und sozio-emotionale Probleme müssen mit verschiedenen Interventionsstrategien bearbeitet werden, weil auch unterschiedliche Zielfelder als Ergebnisse angestrebt werden.

Bei einem aufgabensachorientierten Problem besteht nach Mastenbroeck eine effektive Struktur zur Bearbeitung darin die Problemanalyse voranzutreiben. Dieses kann gegebenenfalls durch Zuhilfenahme von Entscheidungsstrategien gefördert werden. Das Zielfeld ist klar definiert: Eine sachliche Lösung mit einem möglichst breiten Konsens bei allen Diskussionsteilnehmern.

Eine sozio-emotionale Problemstellung kann nur bearbeitet werden, in dem durch eine geöffnete Kommunikation im Diskussionsverlauf eine gegenseitige Empathie für die Situation des Anderen aufgebaut wird. Das Ziel ist nicht eine gemeinsame Sachlösung, sondern erst einmal ein gegenseitige Verständnis der jeweils anderen Situation.

Als Beispiel für ein aufgabensachorientiertes Problem kann die Urlaubsplanung dienen. Hinweise auf die emotionale Urlaubsbedürftigkeit helfen nicht weiter, sondern lediglich eine klare Struktur.

Diese kann auch festlegen, nach welchen Regeln sich jedes Jahr Verlierer und Sieger ergeben. Die Emotionen bleiben unterschiedlich, der eine freut sich, der andere nicht.

Wenn ein sozio-emotionales Problem vorliegt, zum Beispiel Angst vor dem jüngeren Kollegen, helfen mir keine sachlichen Zusagen seitens Dritter, dass der Kollege mich nicht aus dem Job drängen wird. Meine Angst bleibt. Nur das offene Gespräch mit dem Kollegen macht mir deutlich, dass er gar nicht meinen Arbeitsplatz will. Ich erhalte Einblick in seine Karriereplanung und er entwickelt ein Verständnis für meine Vorbehalte.

Vor dem Beginn einer Diskussion muss seitens des Diskussionsverantwortlichen geklärt werden, welcher Problemtypus vorliegt, damit der jeweilige Interventionsansatz auch einen erfolgreichen Verlauf gewährleisten kann.

Im Verlauf der Diskussion muss vermieden werden, dass sich der Problemtypus ändert. Nicht selten ist zu erleben, dass Diskussionsteilnehmer bei einem aufgabensachorientierten Problem versuchen, die Diskussion auf die emotionale Ebene zu schieben, um so die Entwicklung eines Lösungsansatzes zu vermeiden. Sie schildern ihre emotionale Lage und es wird viel gegenseitiges Verständnis formuliert, aber die Sachlösung fällt unter den Tisch.

Auch umgekehrt versuchen manchmal Diskussionsteilnehmer sich durch unpersönliche Hinweise auf Sachzwänge einer offenen Kommunikation im Bereich von sozio-emotionalen Problemen zu entziehen, weil sie letztendlich gar kein Verständnis für die Lage des Anderen aufbauen wollen.

Das Drehbuch eines erfolgreichen Diskussionsverantwortlichen verfolgt stringent eine Interventionsstrategie.

Die Diskursstruktur

Diskussionen sind nur als herrschaftsfreie Diskurse erfolgreich, bei denen individuelle Problemlösungsideen der Teilnehmer miteinander und mit den übergeordneten Zielen der Führungskräfte und des Unternehmens abgeglichen werden können.

Nach Jürgen Habermas findet dann eine Kommunikation als herrschaftsfreier Diskurs statt, wenn sie frei ist von Verzerrungen durch Macht oder Hierarchien. Es sollten so in Diskussionen u. a. folgende drei Regeln eingehalten werden:

- Kein äußerer Zwang darf das Gespräch behindern.
- Jeder hat die gleiche Chance zur Beteiligung am Gespräch.
- Jeder muss zur ungekränkten Selbstdarstellung fähig sein und seine Ziele den anderen transparent machen.

Die Idee, dass Diskussionen in einem herrschaftsfreien Raum stattfinden, löst bei vielen Mitarbeitern ein müdes Lächeln aus – man sieht sich schließlich immer zweimal. Gleichzeitig ist doch schon vorher klar, wer sich in der Diskussion durchsetzt und wer mit seinen Beiträgen auf der Strecke bleibt.

Individuelle Ziele kommen logischerweise nicht offen auf den Tisch; den man lässt sich beim Pokern auch nicht in die Karten schauen und schließlich lebt und stirb jeder für sich allein.

Die Arbeit am Drehbuch für die bevorstehende Problemlösungsdiskussion kann zeigen, dass eine Castingveranstaltung im Vorwege dringend benötigt wird, bei der mit den einzelnen Teilnehmern eine Diskussionskultur auf der Metaebene erarbeitet und festgelegt wird.

Zu dieser Kultur gehört auch das Wissen darum, dass die Diskussion zwar im herrschaftsfreien Raum stattfinden kann, aber der Rollout der Problemlösungsarbeit durch die unterschiedlichen Kompetenzbereiche beeinflusst wird. Es sollte bereits in der Diskussion deutlich werden, welche Veränderungen sich in der nächsten Zeit durch welche Faktoren ergeben können bzw. werden.

Das Drehbuch eines erfolgreichen Diskussionsverantwortlichen eröffnet herrschaftsfreie Räume für Problemlösungsphantasien.

Einwurf 1: Die Pünktlichkeit als Wirkfaktor im Bereich der Kommunikation

Unser Arbeitsalltag ist strukturiert von Terminen für Gespräche, Besprechungen und Veranstaltungen. Das ist effektiv und sinnvoll, weil so die lästigen Wartezeiten vermieden oder zumindest minimiert werden können. Optimiert wird diese Regelung, wenn der alte Leitsatz aus dem Militär hinzukommt:

Fünf Minuten vor der Zeit ist des Soldaten Pünktlichkeit.

Im täglichen Arbeitsablauf tritt immer mal wieder eine bestimmten Situation ein: Der Termin ist da - der erwartete Gesprächspartner allerdings nicht. Was passiert? Als erstes setzt die Unsicherheit ein. Also wird der Terminkalender kontrolliert: Stimmt, jetzt sollte er da sein. Das Datum stimmt und die Uhren im Büro gehen auch richtig. Ein ärgerliches Gefühl kommt um die Ecke.

Wer sich verspätet,
raubt dem Anderen seine Zeit.

Für die gemeinsame Arbeit ist alles vorbereitet, es bleibt nichts mehr zu tun und Däumchen Drehen befriedigt auch nicht wirklich. Also nehme ich am Schreibtisch eine Zwischentätigkeit auf, der ich aber nicht voller Konzentration nachgehen kann. Die Zeit verrinnt, der Gesprächspartner melde sich nicht. Nun tauchen Sorgenfalten auf der Stirn auf. Hoffentlich ist ihm nichts Ernsthaftes passiert oder er hat mich einfach versetzt, was schade wäre, denn wir haben eine gute und erfolgreiche Zusammenarbeit. Schließlich war bisher das Ergebnis unserer Arbeit stets eine win win Situation für beide.

Aber da: Strahlend betritt der Gesprächspartner den Raum. Er stellt die Personifizierung des Satzes von Friedrich Schiller aus dem Wallenstein Drama dar:

Dem Glücklichen schlägt keine Stunde.

Unbekümmert beginnt er - wie wir es für die Arbeitskontakte gelernt haben - mit dem Smalltalk der ersten Gesprächsphase. Wie heißt es da so schön: Die erste Phase stellt den Kontakt her und ist geprägt von Höflichkeit und Allgemeinplätzen. Allerdings ist meine innere Gefühlslage eine andere. Ich versuche mein Unwohlsein zu formulieren, indem ich die Verspätung des Anderen anspreche und von meinem eigenen Vater erzähle, von dem gesagt wurde: Er war immer

pünktlich wie die Maurer.

Beim Gesprächspartner scheinen diese dezenten Hinweise nicht anzukommen. Lachend verweist er darauf, dass dieser Redensart das verbreitete volkstümliche Vorurteil zugrunde liegt, dass Maurer besonders darauf bedacht sind, das Ende ihrer vereinbarten

Arbeitszeit genau einzuhalten und auf die Minute genau die Kelle aus der Hand legen. So folgt er weiter ungezwungen dem Leitsatz aus seiner eigenen Selbsterfahrungsgruppe

Nimm Dir die Zeit, die Deine Seele braucht.

Nun denn, endlich kann die Arbeit beginnen. Allerdings steht der nächste Termin mit einem anderen Gesprächspartner bereits vor der Tür. Das bedeutet, es werden heute nicht alle geplanten Arbeiten geschafft. Dementsprechend wird ein neuer Termin verabredet und in den Kalender eingetragen. Das Spiel kann so von neuem beginnen. Hoffentlich ist keiner von den Beteiligten das nächste Mal wieder so unpünktlich.

Es gilt für das normale Arbeitsleben:

Unpünktlichkeit passiert.
‚Shit happen's – mal ist man die Taube und mal das Denkmal'.

Was ist, wenn ich aber grundsätzlich an dieser Stelle eine Veränderung erreichen möchte? Dann kommt die Zunft der Supervisoren um die Ecke. Sie verweisen darauf, dass vom Wortsinn her Supervision bedeutet, die Sache von oben zu betrachten.

Also begeben wir uns aus dem Alltagsgewühl im Tal des Lebens auf den Hügel der Supervision und betrachten die Dinge von oben.

Das setzt das direkte Gespräch mit dem Anderen über das Thema Pünktlichkeit – und seinen Umgang damit – voraus. Das Ziel ist dabei nicht den Verhandlungspartner oder den Kollegen zu erziehen, sondern alternative Handlungsmöglichkeiten und Regelungen zu finden, die auch an dieser Stelle eine win win Situation für beide ergeben.

Soviel Bekanntes in diesem Aufsatz. Und doch sind zwei Dinge Tag für Tag im Tal des beruflichen Alltagsgeschehens zu erleben: Unpünktlichkeit führt zu schlechter Laune und Henry Ford's Hinweis beschreibt die Handlungsstarre:

Die meisten Menschen wenden mehr Zeit und Kraft daran,
um die Probleme herumzureden, als sie anzupacken.

Neun Streiflichter zu der These ‚Wir verstehen uns im Team auch ohne Worte...'

10. Die Kommunikationsregel

Bei vielen Teams verläuft der Arbeitsalltag nicht nach der Formel, die einmal ein Mitarbeiter auf die Frage formulierte, wie es ihm ginge: T^2D^2! Das bedeutete: Tagtäglich – derselbe Dreck. Die alltägliche Zusammenarbeit wird meist nicht als dreckig empfunden, sondern als angenehm und harmonisch.

Allerdings gibt es manchmal Momente, wo doch Sand im Getriebe der Abläufe auftaucht und es erheblich knirscht. Anscheinend versteht man sich ohne große Worte und arbeitet erfolgreich Hand in Hand. Wieso gibt es plötzlich den Stress in der Zusammenarbeit?

Als Ursprung der Störung zeigt sich bei näherem Hinsehen, dass die Kommunikationsregel von Paul Watzlawick mal wieder um die Ecke gekommen ist:

Wahr - im Sinne von wirksam –
ist nicht, was der Sender sendet,
sondern was der Empfänger hört.

Die Diskrepanz zwischen dem ausgesandten und angekommenen Kommunikationsinhalt ist erheblich. Plötzlich tauchen Störungen auf, die einen Anlass für nachhaltige Verwerfungen in der Zusammenarbeit bilden können. Besonders, wenn die gesendeten Impulse nur aus einem quasi nebenher hingeworfenen Satz oder einem non-verbalen Grinsen, Stirnrunzeln oder Schulterzucken bestanden.

Die Senderwahrnehmung ist nicht stets identisch mit der Empfängerwahrnehmung. Um mit dieser Wirrung umzugehen, ist es wichtig, den Senderinhalt der kommunizierten Botschaft von dem Empfängerinhalt, was bei diesem angekommen ist, zu trennen.

Bevor aber ein Gespräch über die aufgetretene Störung initiiert werden kann, rattert es im Kopf die Empfängers weiter und die Ergebnisse seiner Überlegungen werden handlungsleitend für sein weiteres Verhalten.

11. Ein Stolperstein

Der Empfänger decodiert die Botschaft des Anderen als Angriff und entscheidet für sich allein seine weitere Vorgehensweise. Sein Großhirn registriert eine Bedrohungslage und wählt den entsprechenden ‚Hundeweg' des Angriffs oder der Unterwerfung als situative Reaktion.

Diese beiden kreatürlichen Reaktionswege werden als Hundewege bezeichnet, weil sie die klassischen Reaktionen auf Störungen von Hunden darstellen. Dazu gehört auch die individuelle Freiheit des Hundes seine Reaktion festzulegen.

Ein Einbrecher wird als ein Fremder nicht automatisch verbellt, sondern wird unterwürfig als Gast begrüßt und ihm werden die Filzpantoffeln geholt.

Das Baby wird nicht als neues Familienmitglied freudig begrüßt, sondern als Eindringling energisch angegriffen. Die Reaktionswahl des Hundes muss dabei in keinerlei Hinsicht den Erwartungen der Menschen entsprechen. ‚Wieso hat er bloß das Baby gebissen, er ist doch sonst so freundlich...'

Nicht nur für den Hund, sondern auch für uns Menschen gibt es hilfreiche Hinweise, wie mit den schnell in Gesprächen nach vorne tretenden Hundewegen umgegangen werden kann.

12. Die Hilfestellung

Um bei einem Hund die Reaktion zu steuern, gibt es die Ausbildung auf dem Hundeplatz. Der Wachhund verbellt dann jeden Fremden und der Familienhund ist gegenüber jedem Fremden stets freundlich. Diese Ausbildung geschieht auf dem Weg des Drills, der Abrichtung. Die Möglichkeit, dem Hund das Vernünftige bei der Auswahl einer bestimmten Reaktion deutlich zu machen, ist nur bedingt gegeben.

Dieses ist bei uns Menschen anders. Demzufolge wird bei so ziemlich jeder Sozialisationsinstanz – Elternhaus, Schule, Ausbildung, Erwachsenenbildung – Wert darauf gelegt, in bei bedrohlich empfundenen Situationen nicht einfach einen Hundeweg zu wählen, sondern zu analysieren und zu diskutieren.

Durch eine Rückmeldebotschaft wird der Kreis der Kommunikation geschlossen. Wenn ich dem Anderen mitteile, dass seine nonverbale oder verbale Botschaft von mir als unangenehm empfunden wurde, erhält er die Möglichkeit, seine dahinterliegenden wirklichen Absichten zu erläutern. Wir können uns mit dem Ziel auseinandersetzen, uns hinterher wieder zusammenzusetzen und mit gemeinsam abgestimmten Erwartungen unsere Zusammenarbeit im Team zu gestalten.

Ein Querverweis

Dieser vernünftige Weg einer zielführenden Diskussion wird manches Mal durch das Auftreten der Faktoren Stress am Arbeitsplatz oder Alkohol bei der Betriebsfeier schnell ins Abseits gestellt.

In solchen Situationen tauchen in verstärktem Maße gefletschte Reißzähne und eingeklemmte Hundeschwänze auf.

Das führt bei der anschließenden Rückkehr in den Normalmodus des Arbeitens oftmals zu Situationen, wo die Erinnerungen an die erlebten Geschehnisse und die abgelaufenen Prozesse bei der einen oder bei beiden Seiten als sehr peinlich bis extrem unangenehm empfunden werden.

Der Realitätsnähe des Hinweises

Immer wenn Gras über eine Sache gewachsen ist,
kommt ein Kamel und frisst es wieder ab.

wird das ein oder andere Mal schmerzhaft erlebt, weil jemand nicht mehr an sein Fehlverhalten erinnert werden möchte. Aber nicht nur das Internet vergisst nie, sondern auch so mancher Kollege arbeitet gerne als grasfressendes Kamel.

13. Die Vor(weg)urteile

Durch die Sozialisation hat sich bei jedem Menschen im Laufe der Zeit ein kognitives System aufgebaut, welche im Volksmund unter dem Stichwort ‚Vorurteil' bekannt ist. Das Positive dieses Systems besteht darin, dass nicht immer erneut in einer Situation Grundsatzurteile gefällt werden müssen. Die Verhandlung und die Urteilsverhängung wurden quasi vorweggenommen.

Es besteht so ein Vor(weg)urteil und dementsprechend kann situativ schnell gehandelt werden. Besonders förderlich ist der Umstand, wenn beide Interaktionspartner nach einem gleichgestalteten kognitiven System mit entsprechenden Vor(weg)urteilen handeln.

Vor(Weg)Urteile sind hilfreich. Sie erleichtern an vielen Stellen das Alltagsleben. Ohne sich abzusprechen, sind wir uns beispielsweise in einem Laden einig: Der Verkäufer bedient mich engagiert und ich bezahle die Ware, die ich mitnehme. Ohne dass wir vorher dieses Verfahren absprechen mussten.

Das Ziel im Bereich der Kommunikation innerhalb von Arbeitsteams ist nicht eine stets grundlegende Diskussionskultur zum Abgleich der kognitiven Systeme.

Zum Beispiel muss bei der Fragestellung, wann ein externer Partner oder Kunde abgelehnt wird, nicht jede Falldiskussion immer wieder bei Null mit der Fragestellung ‚Wie sollten Menschen Menschen behandeln' anfangen.

Ausführungs- oder Umsetzungsdiskussionen sind von Grundsatz- oder Strukturdiskussionen abzugrenzen. Wenn es beispielsweise einen Plan gibt, wann werden Geschirrspüler einräumt, kann der Kollege, wenn er darauf hingewiesen wird, dass er seinen Job vergessen hat, sich nicht aus dem Staub machen, in dem er grundsätzliche Kritik an der Planaufstellung in den Raum wirft.

Es wirkt sich an dieser Stelle allerdings fatal aus, wenn er mit seinen Wünschen und Ängsten bei der Planaufstellungsstrukturdiskussion gänzlich unbeachtet blieb. Hier ist es nur schwer möglich durch Nachbesserungen im laufenden Prozess Vergessenes einzufügen. Oft wird durch solch einen Verlauf einer Ausführungsdiskussion deutlich, dass es notwendig ist, eine erneute Strukturdiskussion zu diesem Thema in die Wege zu leiten.

14. Ein nachgeschobener Weg

Nicht jede ist Entwicklung beeinflussbar. Es gibt Situationen, bei denen die normative Kraft des Faktischen jede Handlungsmöglichkeit zu einer gemeinsamen Zukunftsgestaltung ausschließt. Die Reanimation von jemanden, der seit drei Tagen tot ist, klappt nicht.

Wenn der Andere in seinem kognitiven System eine Schublade mit dem Vor(weg)urteil ‚Wenn einer mir so kommt, dann ist er für mich gestorben' hat und ich dort situativ aufgrund einer nonverbalen oder verbalen Botschaft hineingeraten bin, sind meine Handlungsmöglichkeiten so gut wie Null.

Im Arbeitsalltag erweist sich der Umstand, dass wir uns alle schon gegenseitig in Vor(weg)urteilsschubladen einsortiert haben als vorteilhaft, aber auch als nachteilig. Der Zustand wird dadurch gekennzeichnet, dass wir uns kennen und wissen, wie der Andere seine jeweilige Botschaft wirklich gemeint hat – auch wenn seine Botschaft oberflächlich einen anderen Eindruck erweckt.

Das ermöglicht harmonische Kommunikationsabläufe, die manche Botschaften allein durch Blicke übermitteln, die von anderen im Raum nicht decodiert werden können.

Der Nachteil lässt sich durch an einem Umstand beim Bogenschießen verdeutlichen. Wenn ein Pfeil beim Abschuss nur um Millimeter von der Optimalstellung abweicht, wird er am Ende des Fluges sein Ziel um Meter verfehlen.

Wenn also das als richtig vermutete Vor(weg)urteil über den Zustand des Anderen nur ein wenig von dem wirklichen Zustand abweicht, kann dieses im Verlauf der Zusammenarbeit zu großen Zielverfehlungen führen.

Plötzlich versteht man den Anderen und seine Reaktionen nicht mehr und weiß gar nicht, wo ein Bruch erfolgt ist. Aber beim Bogenschießen flog der Pfeil auch nie um eine deutliche Ecke auf seinem Weg am Ziel vorbei.

Da Menschen Gebilde mit Veränderungsstrukturen sind, müssen im Teamarbeitsalltag vorgelagerte Wege existieren, auf denen Vermutungen und Realität abgeglichen werden können. Bevor das aktuelle Handeln des Einen aufgrund seiner alten Vermutung ihn in der neuen Realität des Anderen in die Müllschluckerschublade mit der Aufschrift ‚Der ist für mich gestorben‘ geraten lässt.

15. Ein vorgelagerter Weg

Ein Weg zu vermeiden, plötzlich hinter der Müllschluckerklappe des anderen zu verschwinden, ist im Vorwege sich gegenseitig zu zeigen, welche Schulladen in dem jeweiligen individuellen kognitiven System bereitstehen. Die Umsetzung dieses vorgelagerten Weges entspricht dem Ansatz des militärischen Grußes.

Der militärische Gruß geht auf eine Regelung der Ritterzeit zurück. Damals bedeutet das Hochklappen des Visiers – welches heute durch das Hand an die Schläfe legen imitiert wird – ein Aufheben des Kopfschutzes: Ich zeige mich, mache mich verletzlich und unterstreiche damit meine friedlichen Absichten.

In diesem Zusammenhang bedeutet das Visier hochzuklappen, sein Gesicht, also seine individuellen Vor(weg)urteile dem anderen zu zeigen. Hierfür braucht es Zeit und ein Klima der Wertschätzung und Akzeptanz. Nur zu oft sind die Urteile, die gefällt wurden und als Vor(weg)urteile abgelegt sind, in schwierigen Prozessen oder Lebensphasen geprägt worden. An manchen Stellen fällt es schwer, von seinen Vor(weg)urteilen zu sprechen, weil sie eng verbunden sind mit individuellen Narben, die in dem beruflichen oder dem privaten Alltagskampf zugefügt wurden.

Auch heute noch gilt in den meisten Staaten, dass der Grüßende – unabhängig von seinem Dienstgrad – auf eine korrekte Erwiderung des Grußes ein Anrecht hat. Wenn also der eine sein Visier hochklappt, beinhaltet das auch eine Aufforderung an den anderen. Wenn dieser Gruß nicht erwidert wird, sondern das Visier geschlossen bleibt, sollte zumindest eine Erklärung erfolgen, warum man sich dem Angebot eines Gespräches entzieht.

Grundsätzlich wurde in der Ritterzeit schließlich das Visier runtergeklappt und eine saubere Auseinandersetzung im Turnier begann. Da gilt auch heute noch im Bereich des Changemanagements im Themenfeld der Teamkommunikationsstrukturen.

16. Die Grundlage

Die Grundlage für jede effektive Auseinandersetzung stellt das Klima der gegenseitigen Wertschätzung und Akzeptanz dar. Auch kontrovers geführte Diskussionen zur Fragestellung intersubjektiver Teamregeln können so eingebettet konstruktiv wirken. Daneben entscheidet dieses Klima grundsätzlich über den Beharrungswillen und das Engagement des Einzelnen bei der Teamarbeit.

Dieses Klima wird konkret u.a. durch folgende Verhaltensweisen gekennzeichnet:

- Klarheit durch deutliche Strukturen:
  Dein Territorium ist geschützt.

Ich werde nicht ungefragt in Deinen Arbeitsbereich eindringen. Aber ich werde meine Sorgen mit Dir teilen, wenn ich das Gefühl habe, dass Du in einer Sackgasse voranschreitest oder Dich auf sehr dünnem Eis bewegst.

- Offenheit durch Ernstnehmen:
  Deine individuellen Anliegen sind wichtig.

Ich werde Dir nicht meine Sichtweise und meine Einschätzung der Dinge aufzwingen. Sondern ich werde sie Dir als Impulse von außen für Deine eigenverantwortlichen Entscheidungsprozesse zur Verfügung stellen.

- Anerkennung durch Zeit:
  Du erhältst die nötige Aufmerksamkeit.

Ich werde Dir die Zeit einräumen, die Du brauchst, um Deine Anliegen zu bearbeiten. Ich werde Dich nicht aufbrechen, wo Du Dich verschließt und werde mich nicht verstecken, wo Du mich suchst.

- Sicherheit durch Verlässlichkeit:
  Du kannst meinen Aussagen vertrauen.

Ich werde Dich nicht belügen oder für Dich wichtige Informationen zurückhalten. Aber ich werde Dir auch offen sagen, wenn ich Gespräch über bestimmte Sachverhalte nicht mit Dir führen will.

Der jeweils andere wird so grundsätzlich als Mensch mit individuellen Wünschen, Hoffnungen und Ängsten ernst genommen und nicht als Humankapital für das Erreichen der Teamziele instrumentalisiert.

17. Die Chance

Wenn im Arbeitsalltag des Teams manchmal Momente auftauchen, wo Sand im Getriebe der nonverbalen oder verbalen Kommunikation knirscht und diese einfach unbeachtet übergangen werden, entsteht an der Stelle ein Dickicht.

Aus diesem verfilzten Unterholz werden immer wieder Missverständnisse hervorkriechen. Der einfache Ansatz: ‚Wir müssen mal darüber reden' oder ‚Wir müssen einfach mehr miteinander reden und voneinander erzählen' greift an der Stelle oft zu kurz. Die Annahme, dass offene und damit auch wortreiche Kommunikation einen Königsweg für eine gute Zusammenarbeit darstellt, erweist sich immer wieder als Irrtum.

Es findet nur eine quantitative Steigerung der Kommunikation statt. Zielfeld des neuen Weges muss jedoch eine qualitative Veränderung der Kommunikationsstrukturen sein.

Ein strukturierter Blickwechsel braucht ein durchdachtes Konzept mit realistischen Zielen und praktikablen ersten Schritte für den geplanten Prozess sowie festgelegten Methoden und Werkzeugen zur evaluativen und begleitenden Überprüfung des Prozessverlaufs.

Im Folgenden der Vorschlag eines Weges in fünf Schritten, um den Zustand der Kommunikationsstrukturen im Team temporär in den Mittelpunkt der Aufmerksamkeit zu stellen.

18. Der Weg der fünf Schritte

Schritt 1: Die Anerkenntnis eines Problems stellt den ersten Schritt zu dessen Lösung dar

Die Abwesenheit von Krieg bedeutet noch lange nicht Frieden. In den Zeiten des kalten Krieges zwischen Ost- und Westblock in Europa haben wir erlebt, wie erhebliche Energien und Gelder in den Bereich der Kriegsführung flossen – obwohl eigentlich Frieden herrschte.

Wenn in einem Team im Bereich der Kommunikation keine Kriegszustände herrschen, lohnt es sich trotzdem einmal genauer zu reflektieren, ob nicht überflüssige Energien in die Bearbeitung der Folgen von Missverständnissen fließen. Es gibt an dieser Stelle ausreichend beschwichtigende Hinweise zum Ruhe bewahren, die auch in vielen Teams konkret im Arbeitsalltag umgesetzt werden. Thesen wie ‚Das ist halt so – shit happen's' oder ‚Das löst sich schon wieder von alleine – don't worry, be happy' werden nicht selten als Handlungsleitlinie zur Problembearbeitung eingesetzt.

Teams, die allerdings nicht Teile ihrer Energie in dieses Bermudadreieck versenken wollen, haben die Chance, sich auf den Weg zu machen. Sie müssen schließlich nicht der Aufforderung folgen: ‚Esst mehr Sch..., denn Hundert Millionen Fliegen können nicht irren'.

Des Weiteren ist es fraglich, ob auf Dauer das situativ Aussitzen von Missverständnissen und Störungen im Bereich der verbalen und nonverbalen Kommunikation ein gutes Konzept darstellt. Es ist gut möglich, dass es dazu führt, dass im Laufe der Zeit der Pfeil - die Umsetzung zufriedenstellender Arbeitsbedingungen - sein Ziel um Meter verfehlt.

Schritt 2: Addierte Inkompetenz ergibt keine Kompetenz

Wenn mein Auto nicht anspringt und ich mit meinem Nachbarn gemeinsam unter die Haube auf den Motor schaue, macht das wenig Sinn. Wir haben nämlich beide keine Ahnung von Automotoren und somit ist es wenig zielführend, dass wir nun gemeinsam handeln. Auch zusammengeführt wird unsere Inkompetenz jede kompetente Reparatur durch uns verhindern.

Es gilt also, in dieser Situation einen Kompetenzträger zu finden und einzubinden. Das muss nicht unbedingt ein Mensch sein, manchmal reicht auch eine Bedienungsanleitung oder ein Handbuch. Wichtig bleibt aber die eigene reflexive Kompetenz, ob es gut für mich ist, wenn ich das umsetze - oder umsetzen lasse - was mir extern vorgeschlagen wird.

Auf der Metaebene benötigt es für effektive und zielführende Veränderungsprozesse Kompetenzkonzepte aufzustellen sowie die Kompetenz deren Umsetzung reflexiv zu begleiten und gegebenenfalls zu verändern. Grundsätzlich muss ich in der Lage sein, getroffene

Entscheidungen für den Einsatz ausgewählter externer Kompetenzträger zu revidieren. Bert Brecht hat in seinem Schauspiel ‚Der Ja und der Neinsager' treffend formuliert: ‚Ich muss nicht mehr B sagen, wenn ich erkannt habe, dass A falsch ist'. Wir haben das Recht, uns zu irren und Entscheidungen zu korrigieren.

Wenn ich also A gesagt habe, den Motor allein mit einem Handbuch zu reparieren, muss ich nicht B sagen und ihn total zerlegen, wenn ich plötzlich merke, dass ich jeden Überblick verloren habe. Ich kann mich einer neuen A Lösung zuwenden und eine Autowerkstatt anrufen.

Wichtig ist bei jedem Changemanagement die Frage stets vor Augen zu haben, ob die ablaufenden Prozesse die zielführende Richtung einhalten. Entsprechend den Regeln des Bogenschießens benötigt das eine große Sensibilität, weil Zielverfehlungen nicht in deutlich erkennbaren Kurven des Pfeils begründet sind.

Schritt 3: Ein klares Konzept verhindert das blinde Stochern im Nebel

- Es braucht einen guten Inhalt

Informationen von außen, kollegiales Feedback im Team, Austausch im Netzwerk – all das erweitert den Horizont. So öffnet sich der Blick auf Konzepte, die beides verbindet: alltagstaugliche sowie teilnehmeraktivierende Inhalte. Das Rad muss nicht in jedem Team neu erfunden werden.

- Es muss realistisch sein

Der Leitsatz ‚Nicht kleckern, sondern klotzen' führt an dieser Stelle nicht zum Erfolg, sondern nur in die Sackgasse der Überforderung. Es gibt schließlich auch noch das Kerngeschäft und Veranstaltungen außerhalb der Arbeitszeit sind in der Regel nur bedingt möglich. Somit braucht die Umsetzung des Konzeptes einen Fürsprecher, der die kleinschrittige Struktur der Umsetzung auch über einen längeren Zeitraum beharrlich aushält.

- Es braucht eine klare Struktur

Ein effektives Konzept folgt nicht der Struktur der ‚Selbsterfahrungsgruppe freies Töpfern', sondern den Strukturen von Ursache und Wirkung sowie des Reiz - Reaktions Schemata. An dieser Stelle müssen die Besonderheiten der Teammitglieder u.a. ihre Berufssozialisationen durch ihre Ausbildung und ihre vorherigen Arbeitserfahrungen besondere Aufmerksamkeit finden.

- Es muss identisch sein

Der Konzeptverfasser darf kein Träumer mit messianischen Tendenzen sein, sondern das Team muss voll hinter den Zielen, dem Ansatz und der Umsetzung des Entwicklungsprozess stehen. Dabei gilt es allerdings auch zu berücksichtigen, dass selbst für die ewigen Bedenkenträgern der Leitsatz gilt: Grenzen sind erweiterbar.

- Es muss begeistern

Changemanagement wird zwar von oben initiiert, kann aber nicht per Rollout verordnet und durchgesetzt werden. Jedes Teammitglied muss mit einbezogen werden. Sonst besteht die Gefahr, dass Einzelne entscheiden, auch ‚dieses neue Schwein, welches durch's Dorf getrieben wird' einfach auszusitzen.

Schritt 4: Nachhaltige Innovationen sind kleinschrittig

Im Bereich der Mechanik entscheidet die Schnelligkeit der Drehbewegung bei den Schrauben die Dauer des Reifenwechsels beim Auto. Im Bereich der Natur ist Geduld angesagt. Wohlschmeckende Tomaten brauchen ihre Zeit für den Wachstums- und Reifungsprozess.

Menschliche Kommunikation verläuft nicht nach den Regeln der Mechanik, sondern nach denen der Natur. Reflexion des Bestehenden und Optimierung des Zukünftigen geschieht nicht schnell mal so am Rande des Kerngeschäfts; quasi im Vorübergehen, so wie ich ganz nebenbei im Gespräch eine Schraube festdrehen kann.

Innovationen brauchen Raum und Zeit im Arbeitsalltag. Sie beginnen als kleine Pflanzen und werden sehr schnell im Arbeitsalltagstrubel zertreten, wenn es nicht fürsorgliche Menschen im Team gibt, die sie beschützen und ihnen Zeit und Freiraum zum Wachstum verschaffen.

Der Liedermacher Gerhard Schöne formulierte einmal:

Alles muss klein beginnen, lass etwas Zeit verrinnen.
Es muss nur Kraft gewinnen, und endlich ist es groß.

Das Ziel lohnt sich und dafür den Prozess des Werdens und des Wachstums auszuhalten. Es braucht mutige Menschen, die sich dafür engagieren. Denn Innovationen gehen von denen aus, die den Mut haben, das Bestehende in Frage zu stellen und neue Möglichkeiten zu entdecken.

In dem Lied von Gerhard Schöne heißt es weiter:

Manchmal denk ich traurig: Ich bin viel zu klein!
Kann ja doch nichts machen! Und dann fällt mir ein:
Erst einmal beginnen. Hab ich das geschafft,
nur nicht mutlos werden, dann wächst auch die Kraft.
Und dann seh' ich staunend: Ich bin nicht allein.
Viele kleine Schwache stimmen mit mir ein:

Alles muss klein beginnen, lass etwas Zeit verrinnen.
Es muss nur Kraft gewinnen, und endlich ist es groß.

Schritt 5: Der Tauchsieder und das Gehen

Es gibt grundsätzlich zwei Wege einen Kompetenzzuwachs bei Menschen zu konzeptionieren: Die Tauchsiedermethode und die Struktur des Gehens.

Bei der Tauchsiedermethode wird im Rahmen einer Seminararbeit der Kopf des Einzelnen geöffnet und seine Erfahrungen sowie Wünsche, Hoffnungen und Ängste ans Tageslicht gebracht. Darauf folgt eine Phase, wo die Theorien zur Optimierung eines Arbeitsalltages wie ein Tauchsieder mit großer Hitze seine Gehirnmasse aufkochen.

Die Seminararbeit endet, das Gehirn kühlt wieder ab, der Teilnehmer bleibt bei der Implementierung der Erkenntnisse in seinen Arbeitsalltag hinein sich selbst überlassen. Insgesamt entspricht das Ergebnis dieser Kompetenzförderarbeit der Weisheit:

Es wird alles nicht so heiß gegessen,
wie es gekocht wird.

Das Gehen verläuft als ein rhythmisch ständig aufgefangener Fall. Die Arbeit des Kompetenzaufbaus findet hier mit der Struktur des Pendelns zwischen der Sicherung (das Stehen) und der Entsicherung (der Schritt als Risiko des Fallens) statt.

Dieses geschieht bei der Seminararbeit, wo der Ausstieg aus den Arbeitsprozessen ein Stehenbleiben und eine Reflektion ermöglicht.

Daneben findet eine Entsicherung beispielsweise durch eine Selbstkonzept- und Supervisionsarbeit direkt vor Ort beim einzelnen Teilnehmer statt. Dadurch wird der Einzelne bei der Umsetzung der gelernten Kompetenzen und dem darin enthaltenen Risiko des Fallens bei dessen Umsetzung in den Arbeitsalltag professionell begleitet. Dieser grundlegende Weg eines Kompetenzaufbaus entspricht der Tatsache:

Nachhaltige Innovationen sind kleinschrittig.

Nötig ist dementsprechend auch in diesem Bereich der Reflexion und der Optimierung des wortlosen oder wortreichen Verstehens in Teams ein Prozess vom Stehen (Analyse und Konzept) zum Gehen (Aktionen) und wieder zum Stehen (Evaluation und Reflexion) und wieder zum Gehen (Optimierungen und neue Prozessentwicklungen festlegen). Zu schnell passiert sonst ein frustriertes ‚Aus dem Feld Gehen' der Beteiligten, wenn wieder einmal nur der Tauchsieder eingesetzt wurde.

Bestehende Strukturen sind gut, weil sie Handlungssicherheit geben. Wenn ich mich im Rahmen des bestehenden Systems entsprechend der Regeln verhalte, entstehen wenig konflikthafte Situationen.

Allerdings können sie auch schnell zu einem Teufelskreis werden, weil ich selbst ein Sklave meines kognitiven Systems werde. Das bedeutet, ich kann mich beispielsweise nicht gegen meine eigenen Vor(weg)urteile verhalten, geschweige denn sie verändern. Oder aber mein soziales Umfeld lässt ein abweichendes Verhalten auf keinen Fall zu.

Veränderungen bei dem Umgang mit Menschen oder Situationen aufgrund von neuen Beurteilungen und einer Veränderung der bisherigen Vor(weg)urteile werden mit direkten Sanktionen belegt.

Und zum anderen sind Strukturen niemals statisch. Menschen verändern sich durch Alterungsprozesse als biologische Systeme.

Daneben verändern sich auch ihre kognitiven Systeme und damit auch ihre Kommunikationsstrukturen. Eine für alle Zeiten festgelegte alle glückmachende Kommunikationsstruktur ist und bleibt ein unrealistischer Traum.

Einwurf 2: Die Gestaltung der Kommunikation im Rahmen der Netzwerkarbeit

Bevor wir uns den theoretischen Grundlegungen der Netzwerkarbeit zuwenden, blicken wir erst einmal auf die klassischen drei Gesellungsformen, in denen Menschen ihre individuellen Interessen mit einander verknüpfen.

Die drei klassischen Gesellungsformen

Wenn Menschen sich gegenseitig vor den individuellen Karren spannen, geschieht dieses klassischerweise seit Jahrhunderten meist in drei Gesellungsformen.

a. Vitamin B
b. Kooperationen
c. Netzwerke

Worin bestehen nun die Besonderheiten
der einzelnen Gesellungsformen?

zu a.: Vitamin B

1. Dieses informelle Netzwerk ist für die breite Öffentlichkeit meist unsichtbar.
2. Es fehlen in der Regel Organisationsstrukturen.
3. Eine gleich bleibende Intensität ist selten gewährleistet.
4. Situative Individualziele stehen häufig im Zentrum des Geschehens.

zu b.: Kooperationen

1. Kooperationen sind häufig Ergebnisse von Netzwerken.
2. Kooperationen sind oft vertraglich definiert.
3. Kooperationen sind meist zeit- oder zweckgebunden.
4. Kooperationspartner behalten ihre abgegrenzten Kompetenzfelder.

zu c.: Netzwerke

1. Es gibt keine festen Netzwerkpartner.
2. Das System ist veränderbar und flexibel.
3. Es gibt Gemeinsamkeiten als Kommunikationsebene.
4. Der individuelle Nutzen ist unterschiedlich.

Netzwerke als Kommunikationsansatz

Der Mensch wird von zwei Grundstrebungen angetrieben:

- Der Mensch ist ein interaktives Gesellungswesen
  - das nicht allein sein will.
- Der Mensch ist ein hierarchisches Rudeltier
  - das sich unterwerfen oder den Anderen besiegen will.

Früher trafen wir uns auf dem Spielplatz oder auf Visitenkarten-partys. Wer jetzt up to date ist, betreibt aktiv Networking.

Hier ergibt sich reichlich Gelegenheit zum Kuscheln und zum Kämpfen. Im Sinne von zielführender Kontaktaufnahme und effektiver Vertriebstätigkeit wird an dieser Stelle allerdings oftmals erhebliche Zeit völlig wirkungslos verbrannt.

Warum sich Menschen in Netzwerke begeben

- Kuscheln und Kämpfen:
  Es ist nicht gut, dass der Mensch allein sei.

- Beschäftigungstherapie:
  Netzwerkarbeit, um den Terminkalender zu füllen.

- Wunsch nach Schutz:
  Es lebt die Hoffnung, dass in Krisenzeiten das Netzwerk auffängt und einen gegebenenfalls mit neuen Aufträgen, bzw. Jobs versorgt.

- Konkretes Arbeiten:
  Die Chance der Netzwerkarbeit als effektives Instrument nutzen, andere für die individuellen Ziele zu begeistern.

Zwei Faktoren einer erfolgreichen Netzwerkarbeit

Es gilt zum einen im Vorwege, die eigene Zielrichtung zu reflektieren:

- Wer nicht weiß, wo er hin will,
  kommt garantiert da an, wo er nicht hin wollte.

Zum anderen müssen beim Meeting win-win Situationen herbeigeführt werden:

- Was habe ich für dieses Netzwerkmeeting in meinem Portfolio?
- Wer bin ich, welchen Profit biete ich Dir?
- Wer bist Du, welchen Profit bietest Du mir?
- Wie kann ich teilnehmerorientiert prozessoffen direkt beim Meeting eine win-win Situation anbahnen?

Der Phasenaufbau einer effektiven Netzwerkveranstaltung

Wenn Menschen zusammentreffen, verläuft die Entwicklung des Kontaktes nach festen Regeln in einzelnen Phasen. Diese Regeln werden immer wirksam. Wenn sie beachtet werden, beinhalten sie die Möglichkeit, die Kommunikation im eigenen Sinne zu beeinflussen.

Der Ablauf der Phasen

Test/Schnupper phase	**Eigen-initiative**	Die eigene Motivation und die Rolle des Kollegen	
	Ja	Nein ⇨	Ich bin ein „Mauerblümchen"
	⇩		
Positionierungs-phase	**small talk**	Die angemessene Geschmeidigkeit	
	Ja	Nein ⇨	Ich bin ein „Alleingelassener"
	⇩		
Organisations-phase	**Ergänzung**	Die Passung unserer Kompetenzfelder	
	Ja	Nein ⇨	„Auf ein Neues" Ich gehe weiter
	⇩		
Kooperations-phase	**Vertiefung**	Die konkrete Zielfeldbestimmung	
	Ja	Nein ⇨	„In die Kontaktkartei" Lohnt es sich?
	⇩		
	Zusammen-arbeit	Die Realisierung einer win – win Situation	

Neun Konkretionen als Blick auf einzelne Wirkfaktoren

Der Begriff des Konkreten, der Konkretion kommt vom lateinischen con-créscere und bezeichnet die Umsetzung abstrakter Konzepte und Begriffe auf spezifische Situationen. Das Gegenteil einer Konkretion ist die Abstraktion, bei der durch das Weglassen von Einzelheiten allgemeinere Definitionen entstehen.

19. Das ‚Mach das'

Komm her! – Mach' los! – Sei still! – Aber flott!

Informell wurde dieser Kommunikationsstil der ‚Zwei Wort Pädagogik' zugeordnet, die eher auf ein schlichtes Gemüt verwies.

Wissenschaftlich beschäftigte der Soziologe Basil Bernstein bereits in den 60er Jahren mit diesem restringierten Sprachcode. Er ordnete ihn Personen zu, die eher in Gruppen mit wenig Außenkontakten leben. Daneben führen sie überwiegend Tätigkeiten aus, für die wenig Kommunikation erforderlich ist.

Personen, die sich in verschiedenen Gruppen zurechtfinden müssen, wobei sie mit den unterschiedlichsten Menschen zusammentreffen sind immer wieder gefordert, Erklärungen zur Bewältigung wechselnder Situationen zu formulieren. Sie eignen sich deswegen den elaborierten Sprachcode an.

Damit sind sie in der Lage, das Besondere von Situationen zu erfassen und können durch ihre differenzierte Ausdrucksweise auf die Besonderheiten der Situationen und der Gesprächspartnern reagieren.

Mit diesem Sprachcode geht einher, dass diese Personen auch eine stärkere Individualität in der Kommunikation zum Ausdruck bringen.

Besonders bei Führungskräften ist die Kommunikation eine Königsdiziplin. Schließlich geht es darum, Informationen, Gedanken und Anforderungen an den Gesprächspartner klar und präzise weiterzugeben. Erst durch einen guten Informationsfluss wird ein ziel- und lösungsorientiertes Handeln möglich.

Wirklich spannend wird es, wenn dem Gespräch das Prinzip der sokratischen Mäeutik zugrunde liegt. Der Begriff bezeichnet ein auf den griechischen Philosophen Sokrates zurückgeführtes dialogisches Vorgehen. Sokrates brachte mit zielführenden Fragen seine Gesprächspartner dazu, irrige Vorstellungen zu erkennen und zielführende Sichtweisen zu dem jeweiligen Sachverhalt selbst herauszufinden.

Den Gegensatz dazu bildet die Belehrung, in dem ein Wissender dem Anderen dozierend Ratschläge erteilt. Als Ratgeber weiß er stets genau Bescheid. Er hat die richtige Sichtweise, wie der vorliegende Sachverhalt zu bewerten ist und wie man mit ihm umzugehen hat.

Er erteilt dementsprechende Ratschläge und kritische Schläge bei Nichtbefolgung. Ein Ratschlag ist allerdings ein Schlag mit Täter Opfer Profil, keine konstruktive Interaktion zwischen gleichwertigen Gesprächspartnern.

20. Die Wolkenkonsistenz

Schon lange gilt: Wer fragt, der führt. Jemand beginnt ein Gespräch mit einer Frage oder Meinungskundgebung und gibt so die emotionale Richtung und das sachliche Thema vor.

Dabei führen zwei Faktoren immer wieder dazu, dass Gespräche recht unkonkret eine Wolkenkonsistenz entwickeln; sie verbergen die Sonne und sind nicht tragfähig.

Der eine Faktor wird in der Frage und der Antwort deutlich: Was haben Führungskräfte und Sonnenfalter gemeinsam? Gar nichts – denn Sonnenfalter falten auch keine Sonnen.

In einem Gespräch gibt es an der Stelle keine Führung; weder durch eine Person noch durch ein Thema. Das Gespräch plätschert so dahin mit der Konsistenz des Smalltalks, der lediglich Lebenszeit verbrennt.

Der andere Faktor zeigt sich in der Anhäufung der Verben ‚sollte, könnte, müsste'. Niemand ist bereit, Stellung zu beziehen und dessen Sinnhaftigkeit und Relevanz zu erläutern.

Besonders beliebt ist das kollektive Anprangern, von ‚denen da oben', den ‚Ausländern', den ‚Reichen'. Das Gespräch endet dann oftmals in dem kollektiven Aufseufzen, dass man ja sowieso nichts machen kann.

Wie kann die Wolkenkonsistenz vermieden werden?

Einen wichtigen Hinweis erhalten wir von Ruth Cohn, die darauf aufmerksam macht, im ‚ich und du' zu sprechen und nicht im ‚man und wir'. Wenn im Gespräch persönliche Stellungen deutlich werden, dann bleiben die Meinungen nicht nebulös, sondern die Inhalte werden konkret.

Im 13. Jahrhundert wurde das Wort Person aus dem lateinischen persona, d.h. Maske des Schauspielers, ins Deutsche übernommen. Am bekanntesten ist daneben die Ableitung von lat. personare für ‚hindurchtönen'. So wie die Stimme eines Schauspielers durch die Maske hindurchtönt, können auch die Gesprächspartner die individuellen Einstellungen einer Person erfahren, wenn ein Gespräch die Oberflächlichkeit mit einer Wolkenkonsistenz verlässt und persönlicher wird.

Paul Watzlawick formulierte den Kommunikationsgrundsatz ‚Wahr – im Sinne von wirksam – wird nicht, was der Sender sendet, sondern was der Empfänger hört'. Dieses ist ein wichtiger Hinweis zu der Frage, wie Gesprächsinhalte nicht nebulös bleiben, sondern effektiv werden.

Der Ansatz, reflexiv damit umzugehen, was meine Gesprächsbeiträge bei dem Anderen auslösen, vermeidet den Hinweis ‚Das habe ich gar nicht so gemeint', wenn Andere meine Gesprächsbeiträge weitergeben und diese dann über drei Ecken zu mir zurückkommen – und ich aus allen Wolken falle.

21. Die Querschläger

Zu Beginn ein Zitat von Ernst Bloch:

‚Ich bin. Aber ich habe mich nicht. Darum werden wir erst'.

Dieser Satz verdeutlicht, dass ich mich in jedem Gesprächsprozess anders darstelle. Meinen Vorstellungen und Persönlichkeitsstrukturen bleiben, aber wie ich mich kommunikativ verhalte, dass hängt davon ab, in welchem Klima das Gespräch stattfindet.

Immer wieder begegnen uns fünf Querschläger, die in Gesprächen verhindern, dass sich der Einzelne wohlfühlt und wir eine zufriedenstellende Gesprächsrunde erleben, wo wir etwas Gemeinsames werden.

- Die Form des Umgangs und Arbeitens miteinander, spiegelt sich auch im Kommunikationsstil. Ist bei einem Gesprächspartner seine Beziehungsstruktur durch einen autoritären Stil geprägt, der Geringschätzung transportiert, dann ist es nicht verwunderlich, wenn Heuchelei entsteht oder keiner mehr den Mund aufmacht.

- Ein stark bevormundender und kontrollierender Kommunikationsstil verhindert, dass ich mich mit meinen Ansichten einbringen kann und wirkt demotivierend für das Gespräch. Weiterhin zerstört es jedes Interesse, mit dem Anderen etwas Gemeinsames zu werden, weil mir nur die Rolle des Untertanen offensteht.

- Imponier- und Profilierungsgehabe dient meist der Selbstaufwertung. Ist die Selbstdarstellungsseite des Anderen durch solchen Geltungsdrang überhöht, werden Gespräche oft zu ineffektiver Zeitverschwendung. An dieser Stelle erlebt oft der Gesprächspartner, dass die Zuhörer nicht mehr etwas mit ihm werden wollen, sondern vor seiner personality show flüchten.

- Fassadenhaftes Auftreten verweist auf die Angst, mit dem Anderen etwas Gemeinsames zu werden. Typisch dafür ist, dass häufig die Personalpronomen ‚man – wir – es' benutzt oder Fragen gestellt werden. Dadurch entsteht Distanz und ein zwischenmenschliches Gemeinsamwerden wird behindert.

- Auch lassen Harmoniebedürfnisse und Konfliktvermeidungsstrategien Angst vor Misserfolg und Zurückweisung vermuten. Neue Erkenntnisse durch die Reflexion der Meinungen der Anderen werden vermieden. Es entsteht keine kreative Dynamik und ein persönliches Gemeinsamwerden findet nicht statt.

Am Ende ein Zitat von Bill Clinton:

Führungskräfte sind oft wie Friedhofsverwalter.
Sie haben eine Menge Leute unter sich, aber keiner hört zu.

Vielleicht lag die Friedhofsruhe auch daran, dass Präsident Clinton alle in seinem Umfeld mundtot gemacht hat. Das Schweigen wurde von ihm dann als ‚Nicht Zuhören' interpretiert.

Ich weiß es nicht, aber es wird wahrscheinlich auf jeden Fall kein Klima entstanden sein, wo Gemeinsamkeit entstehen konnte.

Das Zielfeld einer Kommunikation ist nicht das Rechthaben und Rechtbehalten, sondern die zufriedenstellende Selbstverwirklichung des Einzelnen in der Gestaltung des gemeinsamen Werdens.

22. Die Kommunikationstiere

Aus der grauen Vorzeit der Gruppendynamik gibt es eine Karikatur, bei der die einzelnen Kommunikationstypen, die besonders bei Besprechungen zu Tage treten, als Tiere dargestellt werden.

Die Merkmale ihres Verhaltens sind allerdings immer noch aktuell und auch heute tagtäglich in Besprechungen zu erleben. Hier eine Übersicht über die jeweiligen Orientierungen und ein paar Ideen zum differenzierten Umgang mit der jeweiligen kommunikativen Tierart.

Es wird die männliche Form genutzt – aber es ist grundsätzlich so, dass es die jeweilige Tierart sowohl als Männchen als auch als Weibchen gibt. Selbstverständlich gibt es gewisse geschlechtsspezifische Vorlieben für einzelne Tierarten.

Der Streiter

- geht gegen alles an
- sucht Streit, wo es geht
- äußert seine Anti-Meinung lautstark

Der Positive

- nimmt alles auf
- schreibt fleißig wortlos mit
- ist immer begeistert und aktiv

Der Alleswisser

- leistet zu allem einen Beitrag.
- meint, stets Recht zu haben
- kann jede Frage korrekt beantworten.

Der Redselige

- ist gesellig und gesprächig
- redet langatmig ohne Ende
- findet zu jedem Thema eine Geschichte

Der Schüchterne

- zieht sich zurück
- sagt aus Unsicherheit nicht viel
- reagiert nur auf konkrete Fragen

Der Ablehnende

- sperrt sich gegen alles
- sieht nur Negatives in Allem
- lässt sich auf keine Diskussion ein

Der Uninteressierte

- folgt dankbar jeder Störung
- interessiert sich nicht für die Gruppe oder Inhalte
- beschäftigt sich überwiegend mit seinem Handy

Das große Tier

- steht über den Dingen
- sagt selten etwas und erwartet dann Anerkennung
- zieht sich schnell gekränkt zurück

Der Ausfrager

- stellt zu allem Fragen
- will alles ganz genau wissen
- gibt sich nie mit einer Antwort zufrieden

Die arbeitsteilige Organisation im beruflichen sowie privaten Leben führt zu unterschiedlichen Aufgabenfeldern. An dieser Stelle werden unterschiedliche Persönlichkeiten mit ihren jeweiligen Kompetenzen benötigt. Allerdings gehören zu den jeweiligen Persönlichkeitsstrukturen auch ein unterschiedliches Verhalten in Gesprächsrunden. Es ergeben sich dadurch in Besprechungen Reibungsverluste, weil die eigene Struktur der Persönlichkeit nur schwer die Gedankengänge des anderen nachvollziehen kann und so auch sein kommunikatives Verhalten zu innerem Kopfschütteln führt.

Es ist eine Aufgabe der Führung, diesen Umstand grundsätzlich deutlich werden zu lassen: Die Divergenz im kommunikativen Verhalten zwischen den in unterschiedlichen Arbeitsfeldern benötigten Persönlichkeitsstrukturen ist normal. Es gibt den alten Spruch ‚Vertrieb und Controlling passen halt nur schwer zusammen', aber auch ‚Wissen führt zu Respekt'.

Situativ ist es wichtig, dass die Leitung in Besprechungen in der Lage ist, die einzelnen Tierarten zu erkennen und auch differenziert mit ihren Beiträgen - verbal oder nonverbal - umgehen kann. Es reicht keineswegs aus, im Vorwege lediglich ein paar der altbekannten Kommunikationsregeln aufzuschreiben und an die Wand zu hängen. Grundsätzlich ist es beispielsweise gut, sich darauf zu einigen, dass man den Anderen ausreden lässt. Allerdings wird damit dem Redseligen Tür und Tor geöffnete, alle zu nerven.

Der Streiter

Es gilt, ruhig zu bleiben und die Gruppe zu ermuntern, seine Behauptungen zu kommentieren.

Der Positive

Es geht darum, Ergebnisse zusammenzufassen und ihn bewusst in die Diskussion einzubeziehen.

Der Alleswisser

Es hilft, die Gruppe aufzufordern, zu seinen Behauptungen Stellung zu beziehen.

Der Redselige

Es ist gut, ihn taktvoll zu unterbrechen und Redezeiten festzulegen.

Der Schüchterne

Es hilft ihm, leichte und direkte Fragen zu stellen, um sein Selbstbewusstsein zu stärken.

Der Ablehnende

Es sollten seine Kenntnisse und seine Erfahrungen anerkannt werden.

Der Uninteressierte

Es wird ihn hineinnehmen, wenn Beispiele seinem Arbeits-, Interessengebiet entsprechen.

Das große Tier

Es sollte keine direkte Kritik geübt werden, sondern seine Einwürfe sollten relativiert werden.

Der Ausfrager

Es kann zielführend sein, seine Fragen in die Gruppe hineinzugeben.

23. Die Wunderwaffe

Sprich, damit ich Dich sehen kann! – Dieses Motto für den Hörspielpreis der Kriegsblinden weist auf den Umstand hin, dass Worte Personen öffnen und ihre Einstellungen sowie ihre Absichten transparent machen.

Dabei bleibt zu berücksichtigen, dass jeder Gesprächsbeitrag seine Wirkung erst durch die Reaktion des Zuhörers entfaltet. Im Gespräch direkt wirksam wird nicht das, was der Redner meint, sondern das, was der Zuhörer versteht.

Damit die Antwort des Zuhörers das Gespräch nicht in eine falsche Richtung lenkt, ist es notwendig, dass er die Absicht des Redners berücksichtigt. Die Umsetzung des aktiven Zuhörens führt beim Zuhörer dazu, dass er nicht einfach nur antwortet, sondern vorher einen Schritt zur Seite geht.

Welche Elemente bestimmen das aktive Zuhören?

Als erstes wird das aktive Zuhören durch drei Schritte strukturiert: Zuhören – Nachdenken – Antworten.

Nachdem ich zugehört habe und eventuelle Verständnisfragen geklärt habe, gilt es nachzudenken; über die Frage, was der Andere wirklich gemeint hat. Gerade bei Erwachsenen spielt beispielsweise Ironie eine große Rolle als Gesprächswerkzeug.

Grundsätzlich liegt jedem Gesprächsbeitrag eine individuelle Absicht zugrunde, den Gesprächsprozess in eine bestimmte Richtung zu lenken. Diese Absicht entspringt aus seinem Lebenskonzept, welches die Standpunkte definiert, von denen aus er seine Gesprächsbeiträge formuliert.

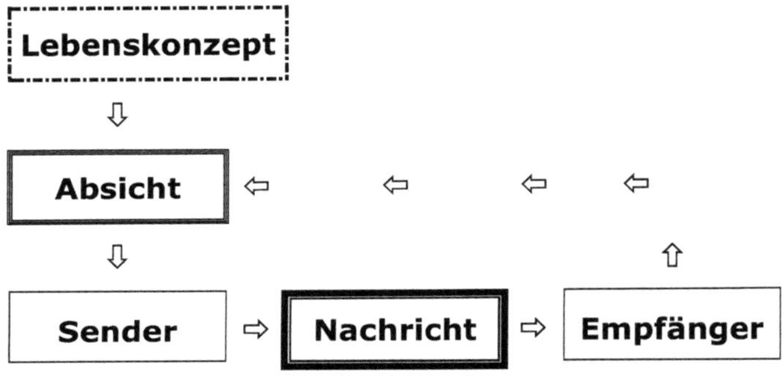

Das Lebenskonzept ist in der Regel eine sehr private Angelegenheit, in die nur wenige Einblick erhalten. Bleibt also die Frage: Wie kann ich herausfinden, mit welcher Absicht der Andere seinen Redebeitrag veröffentlicht hat?

Als erstes durch meine Erfahrungen, die ich bereits in der Vergangenheit mit ihm gemacht habe. Ebenfalls durch verbale oder nonverbale Hinweise, die seinem Beitrag eine eindeutige Richtung geben.

Vor allem aber durch eine Rückfrage als eine Form des Feedbacks, mit der ich meine vermutete Richtung veröffentliche und der Andere dieses bestätigen oder korrigieren kann.

Unter dem Stichwort ‚Spiegeln des Verstandenen' hat es zurecht in viele Kommunikationsratgeber Einlass gefunden. Allerdings hat es auch eine sehr holperige Umsetzung in manche Gesprächspraxis erlebt, wo dann Formulierungen wie ‚Habe ich Dich richtig verstanden, dass Du...' eine eher abschreckende als anregende Wirkung erzielten.

Grundsätzlich ist es wichtig, dass in meinem Kopf das ‚Spiegeln des Verstandenen' einen festen Raum in Gesprächsprozessen erhält.
Dieser Schritt zur Seite ist vor allem dann notwendig, wenn das Gespräch zu einer emotionalen Diskussion wird, bei der auf einmal am Horizont die wechselseitige Absicht auftaucht, einfach nur Recht zu behalten.

Zum Abschluss noch ein wichtiger Hinweis, der eines Tages auf meinen Schreibtisch landete:

Seien Sie nicht interessant, sondern interessiert.
Stecken Sie Ihren Esprit nicht in kluge Antworten,
sondern in zielgerichtete Fragen.

24. Der Speicher

Jeder Mensch verfügt über ein Gehirn, welches als Speicher dient. Darin werden Dinge abgelegt, wie beispielsweise ein Baum aussieht.

Wenn der Mensch nun einen Baum sieht, dann kann er auf seinen Speicher zurückgreifen, sich erinnern und er weiß, dass das, was er sieht, ein Baum ist. Als intelligentes Wesen erkennt er aber nicht nur den Baum, sondern weiß auch, wie er diesen Baum instrumentalisieren kann: Er kann ihn zu Feuerholz verarbeiten, ihn als Aussichtsturm benutzen oder auch einfach eine Schaukel daran befestigen.

Damit sind wir in der Lage, beispielsweise in einem Ferienhaus eine Dose zu öffnen, obwohl kein Dosenöffner zur Verfügung steht. Während der Hund lediglich die Dose hin und her rollt, weil er aus Erfahrung weiß, dass darin sein Futter enthalten ist, können wir als intelligentere Wesen diese Dose öffnen, indem wir auf Hilfsmittel zurückgreifen. Selbst wenn es nur ein Schraubenzieher und ein Stück Kaminholz als Hammer sind.

Das Gehirn des Menschen speichert aber nicht nur Gegenstände, sondern auch komplexe Situationen. So erlebte der Einzelne in der Kindheit das individuelle Konfliktverhalten seiner Eltern: Der starke Vater zwang beispielsweise im Gespräch dem unterlegenen Kind – notfalls mit körperlicher Gewalt – seinen Willen auf.

Dieses gespeicherte Wissen wirkt sich im weiteren Leben auch auf das individuelle Verhalten in Gesprächssituationen aus. Der Mensch verfällt dann in die gespeicherten Verhaltensmuster und löst so beispielsweise ebenfalls verfahrene Gesprächssituationen mit dem Einsatz von Gewalt.

Dieses kann auch im beruflichen Bereich eintreten, indem beispielsweise eine Führungskraft oder ein Mitarbeiter in Konfliktgesprächen die These vertritt: Ein Tritt in den Hintern bringt den Anderen auch nach vorne. Der Wunsch nach dem Einsatz von psychischer Gewalt wird dann oft umgewandelt in den Einsatz von psychischem Druck.

Nun kann der reflexiv kompetente Mensch nicht nur die gesamte abgespeicherte Situation aktivieren, sondern er kann die unterschiedlichen einzelnen Rollen handlungsleitend einsetzen. Er kann sich erinnern, wie die Gewalt des Vaters die Konfliktsituation gelöst hat, aber er kann sich auch ins Gedächtnis rufen, wie er sich als Kind gefühlt hat, als sich ihm der gewalttätige Vater entgegengestellt hat: Angst breitete sich aus.

In einem Gesprächsverlauf aktiviert jeder Mensch situativ die unterschiedlichen Speicher seines Gehirns. Dabei stehen ihm die Erfahrungen des Elternverhaltens und des Kindverhaltens zur Verfügung. Zusätzlich gibt es auch noch den Speicher für das Erwachsenenverhalten, welcher sich im Laufe der Zeit durch die Erfahrungen in Elternhaus, Schule und Ausbildung gefüllt hat. Darin lagert das Erwachsenenverhalten, welches sich dadurch auszeichnet, dass zum einen die Probleme im Mittelpunkt stehen und nicht die persönlichen Befindlichkeiten – soweit diese nicht zu dem Problem gehören – und zum anderen eine Orientierung aufgebaut ist, das Problem zu bearbeiten und nicht Recht behalten zu wollen.

Die Forschungsarbeiten der Transaktionsanalyse machen deutlich, dass grundsätzlich in den einzelnen Speichern verschiedene Erfahrungen abgelegt wurden:

Elternspeicher

Hier ist das Fühlen, Verhalten und Denken von Eltern oder anderen Personen, die für uns Modell- oder Vorbildcharakter haben, übernommen worden.

Kindspeicher

Das Fühlen, Verhalten und Denken aus der Kindheit wird hier gespeichert, welches jetzt aktuell aktiviert wieder abläuft.

Erwachsenenspeicher

Hier lagert das Fühlen, Verhalten und Denken, das realitätsgerecht ist und ein Handeln in der Gegenwart durch das Vergleichen äußerer und innerer Informationen ermöglicht.

Jeder kann somit situativ auf verschiedene Reaktionsmuster zurückgreifen. Es ergeben sich für ihn verschiedene Reaktionen; je nachdem, welchen Speicher er einsetzt.

Egal, welchen Gesprächseinstieg die Führungsperson auch wählt, die Reaktion des Gesprächspartners ist dabei nicht von vorneherein festgelegt. Die Transaktionsanalyse weist darauf hin, dass die Reaktion allerdings in der Regel nach drei Interaktionsmustern verläuft.

Parallel

Der Sender wird in seiner Kommunikation nicht gestört, da der Empfänger mitspielt und entsprechend reagiert. Wenn also die erste Mitteilung aus dem Elternspeicher erfolgt, dann entspricht der Empfänger mit seiner Antwort, wenn er sich als Kind verhält. Dasselbe tritt ein, wenn der Sender als Kind einsteigt und der Empfänger als Elternteil darauf eingeht.

Verdeckt

Hier wird offen etwas ausgesprochen, was aber verdeckt nicht gemeint wurde. Der Vorgesetzte fragt beispielsweise: ‚Haben Sie keine Uhr?', meint aber ‚Sie sind zu spät!' Das Problem für den Empfänger stellt die Unsicherheit dar, dass er nicht weiß, auf welcher Ebene er antworten soll.

Gekreuzt

Der Sender wird in seiner Kommunikation gestört, weil der Empfänger nicht mehr mitspielt und nicht entsprechend parallel antwortet. Dieses kann durchaus für den weiteren Gesprächsablauf förderlich sein, wenn der Sender den Empfänger nicht auf der Erwachsenenebene anspricht, sondern ihn einlädt, sich wie ein Kind oder Elternteil zu verhalten.

Auch dann, wenn die Führungsperson den problemorientierten Ansatz aus dem Erwachsenenspeicher nach dem Motto: ‚Ich bin o.k. – Du bist o.k.' als Gesprächseinstieg nutzt, können sich im Verlauf des weiteren Gespräches Störungen ergeben. Diese entspringen oftmals daraus, dass ein Gesprächsteilnehmer nicht mehr aus dem emanzipierten Erwachsenen – Ich heraus agiert.

Die Führungsperson als Gesprächsleiter muss also auf Entwicklungen im Interaktionsmuster reagieren, wenn er oder der Gesprächspartner die Ebene des Gesprächs zwischen Erwachsenen verlässt. Dabei haben sich folgende Regeln als hilfreich erwiesen:

- Parallele Interaktion soll vermieden werden, d.h. wenn der Gesprächspartner plötzlich wie ein Kind agiert, sollte die Führungsperson nicht in die Elternrolle verfallen.

- Verdeckte Interaktion soll geöffnet werden, d.h. wenn der Gesprächspartner versteckte Vorwürfe äußert, sollte die Führungsperson diese offen ansprechen.

- Gekreuzte Interaktion soll als Chance genutzt werden, d.h. wenn Spannungen entstehen, weil die Führungsperson nicht parallel reagiert, obwohl der Gesprächspartner ihn dazu einlädt, in dem dieser die Eltern- oder Kindrolle übernimmt, sollte die Führungsperson diesen Konflikten nicht ausweichen. Sie kann dieses beispielsweise als Chance nutzen, dem Gesprächspartner deutlich zu machen, dass dessen vorliegendes Konfliktverhalten in Sackgassen führt.

Während des gesamten Gesprächs muss die Führungsperson die Energie aufbringen, die Gesprächsführung in der Hand zu behalten. Die Führungsperson sollte durchhalten und immer wieder auf der Ebene der Erwachsenen kommunizieren. Egal, wie lange es dauert, bis der Gesprächspartner auch wieder auf diese Gesprächsebene einschwenkt. Für ein konstruktives Gespräch ist dementsprechend die folgende Orientierung der Gesprächspartner notwendig:

- Die Führungsperson beginnt das Gespräch aus ihrem Erwachsenenspeicher.
- Der Gesprächspartner reagiert ebenfalls aus seinem Erwachsenenspeicher.

Um ein Gespräch erfolgreich zu gestalten, ist es wesentlich, dass alle Gesprächspartner darauf achten, dass sie aus dem Erwachsenenspeicher Problemlösungen in den Vordergrund stellen.

25. Das Karussell

Wie der Name zeigt, handelt es sich um ein Kommunikationsmuster, bei dem es schwungvoll zugeht. In der Regel führt das Gespräch zu keinem Ergebnis, sondern es dreht sich im Kreis – wie bei einem Karussell. So fühlen sich am Ende alle Beteiligten irgendwie schlecht, ohne in der aktuellen Fragestellung wirklich vorangekommen zu sein.

Unter dem Begriff ‚Drama Dreieck' wurde diesem Phänomen nachgegangen. Im Drama – Dreieck gibt es drei Positionen, in denen die entsprechenden Rollen umgesetzt werden. Die einzelnen Positionen können von den Beteiligten abwechselnd eingenommen werden:

- Verfolgerposition
- Opferposition
- Retterposition

Zur Verdeutlichung im Folgenden ein Beispiel, wie sich das Zusammenspiel dieser drei Positionen im Karussell eines Gespräches gestaltet.

Eine Familie sitzt beim Essen. Der Sohn kleckert.
Vater zum Sohn:

„Wenn Du Dich nicht ordentlich benehmen kannst,
dann iss in der Küche weiter!"
Sohn senkt betroffen den Blick.

Mutter zum Vater (heftig):

„Das musst ausgerechnet Du sagen.
Wenn ich da an letzten Samstag denke, ...
also hacke nicht ständig auf meinem Sohn herum!"
Vater räuspert sich peinlich berührt und schweigt

Sohn zur Mutter:

„Vater hat das doch nicht so gemeint!"
Der Vater verlässt wortlos den Raum.

Mutter zum Sohn (als der Vater gegangen ist):

„Na, Dir werde ich nicht noch einmal helfen,
so wie Du mir in den Rücken gefallen bist!"

Die Übernahme der einzelnen Positionen gestaltet sich in diesem Beispiel folgendermaßen:

- Der Vater verfolgt den Sohn
- Der Sohn geht in die Opferposition
- Die Mutter rettet den Sohn
- Indem sie nun ihrerseits den Vater verfolgt
- Der Vater fühlt sich als Opfer
- Der Sohn rettet den Vater
- Die Mutter fühlt sich verfolgt
- Der Sohn wird von der Mutter verfolgt ...

Meist sind in diesem Karussell mehrere Fahrgäste. Allerdings kann man auch allein mit sich selbst im Kreis fahren, indem man zum Beispiel sich selbst beschimpft, sich klein und hilflos macht oder in Selbstmitleid versinkt.

Dazu ein Beispiel:

Nachdem ich mich den Tag über für andere eingesetzt habe, (Retterposition), schimpfe ich nach Feierabend im Bekanntenkreis über die Unselbstständigkeit dieser Menschen (Verfolgerposition), um dann schließlich abends im Bett darüber zu sinnieren, dass ich doch von allen nur ausgenutzt werde (Opferposition).

So stellt sich die Frage:
Welchen Weg gibt es, um aus dem Karussell auszusteigen?

Dabei ist es wichtig zu beachten, dass entscheidend für den Start des Karussells die Entscheidung ist, die Einladung, sich in eine der Positionen zu begeben, anzunehmen.

Weise ich beispielsweise gegenüber einem Verfolger die mir zugewiesene Opferposition zurück, verweigere ich damit auch den Einstieg ins Karussell.

Ziel der Kommunikation soll ein gemeinsames Engagement für die Problemlösung sein. Damit sollten die Positionen des Verfolgers, Retters und Opfers zugunsten der Problemlöserposition aufgegeben werden – siehe Kp. 6

Wie ich in dieser Problemlöserposition erfolgreich mein eigenes Drehbuch schreibe, wurde in Kapitel 9 umrissen. Grundsätzlich bleibt die entscheidende Frage:

Wo ist das Problem?

26. Die Frageregel

Eigentlich ist das doch ganz einfach mit der Kommunikation: Ich sage klar meinen Standpunkt. Der Andere hört zu und ihm wird meine Einstellung zu der Sache deutlich. Bei Unsicherheiten wird nachgefragt und jede Unklarheit wird ausgeräumt.

Wenn da nicht die Sache mit der Interpretation seitens des Gefragten zu der Frageabsicht wäre; was wohl der Fragende mit der Frage andeuten oder erreichen will.

Zusätzlich wird die Situation besonders dann problematisch, wenn sich die Gesprächspartner nicht so gut kennen oder zwar in Arbeitsprozessen miteinander verknüpft sind, aber ihre Lebenswelten im privaten Bereich sehr unterschiedlich strukturiert sind. Es wird manchmal seitens des Gefragten unmöglich, zum wirklich intendierten Informationsdefizit durchzudringen, der mit der Frage aufgefangen werden soll. Damit liegt der Ball im Feld des Fragenden.

Ruth Cohn hat vor vielen Jahren den Ansatz der Themenzentrierten Interaktion entwickelt. Dabei ging es ihr darum, dass der zunehmende Entfremdungsprozess zwischen Menschlichkeit und Sachlichkeit gestoppt wird. Sie hat dafür einige Hilfsregeln formuliert.

Dazu führt sie aus, dass diese allerdings nur helfen, wenn nicht diese seelenlos mechanistisch, sondern menschengerecht angewandt werden.

So wurde von Ruth Cohn die Frageregel für den Fragenden formuliert:

Wenn Du eine Frage stellst, sage, warum Du fragst
und was Deine Frage für Dich bedeutet.
Sprich für Dich selbst und vermeide das Interview.

Das bedeutet, dass der Erfolg der Kommunikation in dem Bereich vor dem Aussprechen der Frage liegt. Der Fragende sollte nicht eine Verunsicherung auslösen oder eine Rechtfertigung einfordern. Mit seiner Frage sollte er dazu verhelfen, dass Standortbestimmungen veröffentlicht werden, damit es zu einem zufriedenstellenden Austausch der gedachten Standpunkte kommt.

Seitens des Gefragten besteht die Möglichkeit, nachzufragen, um Klarheit über die Intention der Frage zu haben. Es ist ein Weg ins Abseits, wenn er seine Interpretation der Frage für sich behält und auf ihrer Grundlage eine Antwort formuliert; die das Gespräch in eine Richtung führt, die der Fragende in keinster Weise vor Augen hatte.

An dieser Stelle wird deutlich, dass der Fragende zwar die Richtung im Vorweg festlegt, aber der Gefragte der Hüter des Verfahrens ist, in welche Richtung das Gespräch verläuft. Es findet ein offener Austausch der Standpunkte statt oder es zieht sich jeder in seinen Schützengraben zurück und versucht mit aller Gewalt im Gespräch Recht zu behalten.

27. Die Zerstörungswerkzeuge

Hier in dem letzten Kapitel finden sich die neun klassischen Werkzeuge, mit denen jeder in Kürze jedes konstruktive Gespräch erfolgreich zerstören kann,

- Mit Wissen beeindrucken
- Den Anderen keinesfalls ernst nehmen
- Unpersönlich und abstrakt bleiben
- Ins Wort fallen und unterbrechen
- Eine Position vertreten, die uneinnehmbar ist wie ein Fels
- Den Anderen durch inquisitorische Fragen in die Enge treiben
- Einen Standpunkt unmissverständlich vertreten
- Sich abschotten und unangreifbar machen
- Schnell sein und dem Anderen keine Pause gönnen

Die Übersicht über die Werkzeuge wird an dieser Stelle nicht weiter ausgeführt, da jeder seine individuellen Parameter hat, nach denen er diese gegebenfalls in konkreten Gesprächssituationen einsetzt.

Diese Werkzeugkiste findet sich hier als Impulse, um einen Schritt zur Seite zu gestalten. Vielleicht kopieren Sie einfach die Liste und nehmen sie mit in den Wald. Als Ort des Denkens und des Reflektierens steht der Wald gerne zur Verfügung. Er hält als Arbeitsplatz grundsätzliche drei wichtige grundlegende Hinweise zum Miteinander bereit:

- Jeder lebt und stirbt für sich allein
  - die Natur kennt kein Mitleid.
- Anpassungen sind nichts Peinliches
  - Symbiosen helfen beim Überleben.
- Rechte Winkel gibt es nicht
  - Quadrate können hier rund gedacht werden.

Die üblichen Gedanken, die wir denken, die gewohnten Wege, die wir gehen, strukturieren unsere Alltagpraxis immer wieder wie ein sicheres System, welches aber auch den Teufelskreis eines geschlossenen Systems darstellt, welches es zu durchbrechen gilt.

Es stellt sich die altbekannte Aufgabe: Verbinden Sie die neun Punkte mit vier zusammenhäng-enden geraden Strichen wie bei ‚Dies ist das Haus vom Nikolaus' ohne den Stift abzusetzen.

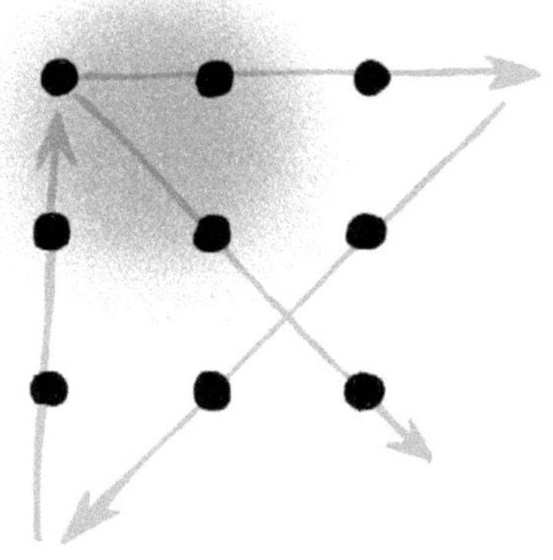

Schauen Sie einmal von außen auf das System der neun Punkte Ihrer gewohnten Kommunikationsmuster. Wichtig ist der Aspekt, dass die Aufgabe mit den neun Punkten letztendlich nur dann gelöst wird, wenn der Strich wieder in das System hineinführt.

Das bedeutet, die Gedanken im Wald müssen auch wieder einen Weg in das Innere des Systems finden, also konkrete Umsetzungen in der gelebten individuellen Kommunikationspraxis vor Ort strukturieren. Die theoretischen Erkenntnisse sollten in konkretes Handeln überführt werden.

Befolgen wir gut gelaunt und humorvoll den Hinweis von Lao Tse:

Jede noch so lange Wanderung
beginnt mit dem ersten Schritt vor die Haustür.

Einwurf 3: Der Humor als Kommunikationsweg

Der Humor im Verlauf der Lebensphasen

Das Lachen als eine Reaktion auf die Reize der Umwelt findet sich bereits beim Säugling. Kindergarten- und Grundschulkinder lachen über sprachlichen Nonsens und in der Pubertät zeigen sich geschlechtsspezifische Merkmale bei der unterschiedlichen Bewertung, was witzig ist.

Im Erwachsenenalter stellt Humor dann eine wesentliche Strategie der sozialen Interaktion dar. Die ausgereifte kognitive Kompetenz verhilft dazu, humoristische Aktionen als Problembewältigungsstrategie einzusetzen. Im Alter nehmen die kognitiven Fähigkeiten ab, aber das Lachen als Problembewältigungsstrategie bleibt.

Das Lachen stellt eine positive Interpretation einer verunsichernden Situation dar. Bereits beim Säugling zeigt sich die angeborene Reaktionsspaltung, wenn ein unvorhergesehener Reiz auftritt:

- Interpretation positiv: Lachen und Annäherungsverhalten
- Interpretation negativ: Weinen und Ausweichverhalten

Diese Reaktionsspaltung auf unvorhergesehene Reize bleibt ein Leben lang. Allerdings wird die Reaktion nicht mehr so direkt kommuniziert. Oft wird sich das Lachen verkniffen und die Tränen werden unterdrückt.

Wenn ich nun einen Reiz in Form eines Witzes aussende, ist die Interpretation durch den Anderen nur bedingt von außen zu bestimmen. Seitens des Anderen wird die Interpretation durch determinierende Persönlichkeitsmerkmale – „Der geht immer zum Lachen in den Keller" – und situative Gefühlslagen – „Mir ist gerade nicht zum Lachen zumute" – gesteuert.

Der Humor im Verlauf der Interaktion

Ausgangslage: Eine Langeweile- oder Stresssituation tritt ein. Das empfinde ich als Problem und entscheide mich für die Bewältigungsstrategie Humor. Mein Reiz in Form eines Witzes beinhaltet dabei eine Annäherung an den Anderen. Der entscheidet mit seiner Reaktion den weiteren Verlauf.

Reaktion 1: Der Andere lacht

Der Andere reagiert positiv auf meinen Annäherungsversuch. Das löst erst einmal mein Problem, weil ich die Langeweile- oder Stresssituation gelockert habe. Ich habe also die Problembewältigungsstrategie Humor erfolgreich eingesetzt. Im weiteren Verlauf ergeben sich allerdings manchmal zwei Fallstricke, die ich im Auge behalten muss.

Die Anmache: Es kann passieren, dass der Andere die Intention meiner Annäherung falsch interpretiert und für mich inakzeptable weitere Verläufe ins Auge fasst.

Der Fettnapf: Es kann passieren, dass ich mich durch das entspannte Klima des Lachens für eine nächste Annäherung entscheide. Die wird dann aber von dem Anderen als aufdringlich und somit negativ bewertet.

Reaktion 2: Der Andere lacht nicht

Der Andere reagiert negativ auf meinen Annäherungsversuch. Dabei kann positiv genutzt werden, dass sich ein Kommunikationskanal öffnet, den ich weiter nutzen kann. Ein Gesprächspartner, der reagiert, steht noch als Kommunikationspartner zur Verfügung. Das bedeutet aber, dass ich eine andere Problembewältigungsstrategie als den Humor einsetzen muss.

Bei der sofortigen Reaktion auf die Kältewelle gibt es ebenfalls zwei typische Fallstricke, die umgangen werden müssen.

Die Schuldzuweisung: Das Problem, welches ich lösen wollte, stelle ich nach hinten und rege mich aktuell über die Humorlosigkeit des Anderen auf. Das Problem bleibt unbearbeitet.

Der Krieg: Um den Anderen gegen seinen Willen doch zum Lachen zu bringen, lege ich einfach nach. Schlimmstenfalls, indem ich mich über seine offensichtliche Humorlosigkeit mit anderen im Raum auslasse.

Der Humor als Kommunikationswerkzeug

Führungskräfte befinden sich oftmals in der Leitungsposition von Arbeitssitzungen. Wenn dort im Verlauf zähe Langeweile oder emotionaler Stress aufkommt, wird von ihnen ein steuerndes Eingreifen gefordert.

An dieser Stelle kann eine humoristische Intervention die Prozesse wieder in Gang bringen oder die Verhärtung von Fronten vermeiden.

Die grundlegende Aufgabe, die Bearbeitung des auslösenden Problems, kann dann über den augenblicklichen Einsatz von Humor zur Lockerung des Arbeitsklimas hinaus fortgesetzt werden.

Eine alte Weisheit formuliert: Wenn man miteinander gelacht hat, kann man anschließend schlechter aufeinander schießen! ... auch wenn der Einsatz von Humor seine Grenzen hat.

Nachwort

Dass wir miteinander reden können, macht uns zu Menschen

so formulierte es der Philosoph Karl Jaspers. Wie Recht er hat. Allerdings miteinander zu reden, bedeutet noch lange nicht miteinander zu kommunizieren.

Viele folgen in Gesprächen dem Motto von Ernest Hemingway

Ich bin gerne der Einzige, der redet.
Das spart Zeit und verhindert Missverständnisse...

Wenn wir aber dem Hinweis von Herbert Grönemeyer folgen

Untersuchst Du mit mir neue Horizonte?

dann begebenen wir uns auf eine spannende Reise zu bestimmt neuen Erfahrungen und grenzerweiternden Erkenntnissen in unseren kommunikativen Begegnungen.

Wir können Türen öffnen bei unseren Begegnungen. Durch eine Kommunikation, die bereit ist zum Aufbau eines gegenseitigen Verständnisses und so zum Beginn eines gemeinsamen Denkens und Handelns wird.

Vielleicht haben die hier formulierten Impulse zur Gesprächsgestaltung den ein oder anderen anregenden Gedanken, der sich auch als alltagstauglich und zielführend erweist. Das ist mein Wunsch.

Wilfried Grenz

Printed by Books on Demand GmbH, Norderstedt / Germany